24
HORAS
PARA
CAMBIAR
TU VIDA

Amat
editorial

Amat Editorial, sello editorial especializado en la publicación de temas que ayudan a que tu vida sea cada día mejor. Con más de 400 títulos en catálogo, ofrece respuestas y soluciones en las temáticas:

- Educación y familia.
- Alimentación y nutrición.
- Salud y bienestar.
- Desarrollo y superación personal.
- Amor y pareja.
- Deporte, fitness y tiempo libre.
- Mente, cuerpo y espíritu.

E-books:

Todos los títulos disponibles en formato digital están en todas las plataformas del mundo de distribución de e-books.

Manténgase informado:

Únase al grupo de personas interesadas en recibir, de forma totalmente gratuita, información periódica, newsletters de nuestras publicaciones y novedades a través del QR:

Dónde seguirnos:

 | **@amateditorial**

  | **Amat Editorial**

Nuestro servicio de atención al cliente:

Teléfono: **+34 934 109 793**

E-mail: **info@profiteditorial.com**

VIVIAN RISI

24 HORAS PARA CAMBIAR TU VIDA

DESCUBRE LOS 15 HÁBITOS DIARIOS QUE NECESITAS

Amat
editorial

La edición original de esta obra ha sido publicada en lengua inglesa por Girl Friday Books (Seattle), bajo el título *24 Hours Is All It Takes*, de Vivian Risi

© Vivian Risi, 2023
© Profit Editorial I., S.L., 2023
   Amat Editorial es un sello de Profit Editorial I., S.L.
   Travessera de Gràcia, 18-20, 6º 2ª - 08021 Barcelona

Diseño cubierta: XicArt
Maquetación: Fotocomposición gama, sl

ISBN: 978-84-19870-06-3
Depósito legal: B 17281-2023

Impresión: Gráficas Rey
Impreso en España - *Printed in Spain*

Índice

INTRODUCCIÓN   7

HÁBITO 1. Domina tus mañanas y dominarás el día   19
HÁBITO 2. Planifica con antelación, pero prepárate
              para improvisar   27
HÁBITO 3. Abraza tus rituales diarios   35
HÁBITO 4. Ve avanzando hacia el cambio   45
HÁBITO 5. Vive con autenticidad   51
HÁBITO 6. Divide y vencerás   67
HÁBITO 7. Aprende a decir no   81
HÁBITO 8. Vive el presente.   89
HÁBITO 9. Reconoce los estilos de comunicación   99
HÁBITO 10. ¡Llénate de energía!   109
HÁBITO 11. Gestiona tu presencia en las redes sociales   123
HÁBITO 12. Haz balance   131
HÁBITO 13. Practica la gratitud.   137
HÁBITO 14. Cuídate   149
HÁBITO 15. Duerme   159

UNA REFLEXIÓN PARA TERMINAR   165
NOTA DE LA AUTORA   171
REFERENCIAS   173

Introducción

¿CUÁNTAS VECES HAS MIRADO A ALGUIEN a quien admiras y te has preguntado: «Cómo lo hace»?

Yo también me lo preguntaba. Observaba a personas que parecían haber tenido las mismas oportunidades y recursos que el resto, pero que prosperaban de forma extraordinaria. Estas personas estaban motivadas y parecían vivir vidas alineadas con sus propósitos, fueran cuales fueran. Y parecían realmente felices. Vivían la mejor versión de sí mismos.

¿Qué hacen de forma diferente? ¿Cuál es su secreto?

Han pasado muchos años, he cometido innumerables errores y he dado pasos en falso. A través de un proceso de ensayo y error (y grandes dosis de disciplina y empuje), ahora me encuentro a menudo —y muy humildemente— en el otro lado de esta ecuación cuando la gente me pregunta: «¿Cuál es tu secreto? ¿Cómo lo haces?».

Todo el mundo quiere saber el secreto. Y, desde hace tiempo, yo también. Pero seamos realistas: ¿verdaderamente existe una fórmula infalible para el éxito, una ventaja añadida que te catapulte y ponga por delante de los demás? ¿Quién no querría eso?

Así que, si te interesa, vayamos al grano y saquemos este «secreto» a la luz ahora mismo. ¿Quieres saber de qué se trata?

¿Preparado? Atento. ¿Estás prestando atención? El secreto es... cri, cri, cri, cri.

Siento reventar la magia, pero el hecho es que no hay ninguno. *Niente*. Nada. Cero. Simplemente no hay un secreto infalible para el éxito. Nada es así de fácil.

Sin embargo, aquí está la buena noticia: ya tienes lo que necesitas para empezar a vivir tu mejor vida. En serio. Ya está dentro de ti, la mayor parte sin explotar, esperando a que lo saques a la superficie.

Afortunadamente —y lo sé de buena tinta—, ¡es algo que ya tienes! Te preguntarás cómo lo sé. Pues bien, lo sé porque has elegido este libro y has provocado que se produzca el primer cambio. Obviamente, deseas de alguna manera hacer cambios y has convertido esa curiosidad en una acción. Por tanto, no me cabe duda de que eres capaz. Así que ahora déjame preguntarte: ¿estás preparado y dispuesto a hacer lo que haga falta?

Olvídate de las «fórmulas secretas» y los supuestos atajos, porque el cambio real y duradero consiste en trabajar y perseverar hasta que los comportamientos positivos se conviertan en hábitos que te cambien la vida.

En cualquier etapa de nuestra existencia, todos somos una obra en construcción: nos esforzamos por mejorar, educarnos y, con suerte, acabar creciendo. Avanzamos y evolucionamos constantemente y, aunque no todas las fases o evoluciones son necesariamente las mejores para nosotros —y no todos los caminos que seguimos son los correctos—, cada decisión que tomamos se traduce, en última instancia, en una experiencia que nos aporta la sabiduría que nos ayudará a pasar a la siguiente fase.

Imagínate tal y como eres en este preciso momento, sea cual sea tu situación, buena o mala, e independientemente de cómo te sientas respecto a tu vida y tus circunstancias. Ahora, imagina que te quedas en este punto, en este lugar, para siempre. Parece una vida muy aburrida, ¿verdad? Incluso si las cosas te van bastante bien ahora mismo, quedarse estancado en este punto acabaría pareciéndote como llevar zapatos de cemento en una carrera mientras los demás corren a tu lado. La vida sigue sucediendo a tu alrededor, pero ahí estás, estancado en un punto. Así no se puede vivir.

Dado que el mundo cambia constantemente, nuestra vida debe ser atractiva y satisfactoria si queremos prosperar.

Mi objetivo con este libro es compartir lo que sé y motivarte para que empieces una vida mejor, llena de las cosas que atraen e impulsan tu energía, empezando por llevarte a que hagas algunos cambios pequeños pero significativos en tu día a día. Sé que estás ocupado; todos lo estamos. Pero, si te tomas en serio lo de vivir tu mejor vida, vas a tener que reconocer un punto muy importante desde el principio:

Nada cambia si *no cambias nada*.

Léelo otra vez. Nada cambia —ni lo más mínimo— si no cambias nada. Y depende de cada uno de nosotros crear el espacio para el cambio.

A estas alturas, ya sabemos que no existe una «receta para el éxito», ¿verdad? Esta suele ser la primera barrera con la que se topa la gente cuando intenta hacer cambios positivos en su vida, porque la palabra *éxito* puede representar muchas cosas diferentes para cada persona. Lo que he descubierto en mi viaje es que lo cerca que estemos del éxito, tanto en nuestra vida personal como profesional, depende totalmente de nosotros y de cómo nos definamos como personas. Este es mi segundo punto clave para que lo tengas en cuenta mientras avanzas por los capítulos de este libro:

El éxito es lo que tú imaginas que es.

Tanto si eso significa que un día conseguirás tus sueños tal y como los imaginaste en un principio como si defines tus objetivos sobre la marcha, el viaje y sus resultados son lo que tú, y solo tú, hagas de ellos. Y, aunque las posibilidades son realmente ilimitadas, deberías empezar por definir, al menos en líneas generales, lo que significa el éxito para ti. No te quedes atascado en las definiciones tradicionales de la palabra o en lo que les parece a los demás. Se trata de ti. Tómate un momento para pensar qué sientes que te falta en la vida. ¿Qué te falta? En tu opinión, ¿qué te haría más completo?

Ve más allá de las cosas materiales: el coche que te gustaría tener, los metros cuadrados de más con los que fantaseas en tu casa para escapar de los niños, esa piscina en el jardín que estás a punto de cavar tú mismo. Profundiza e intenta hacer que emerjan las cosas importantes —sentimientos, logros, momentos de alegría— que crees que te estás perdiendo. Toma nota de lo que te venga a la mente: cuanto más específico seas, mejor. Después, déjalo a un lado por ahora, pero ten esta imagen a mano porque tendrás que seguir trabajando en ella a medida que avances en este libro.

Antes de seguir adelante, quiero contarte cómo surgió este libro.

A principios de 2019, me encontraba en Indigo, la principal librería de Canadá, recorriendo las estanterías en busca de mi próxima lectura. O, para ser más precisa, para mi próxima descarga de audiolibros. (¿Qué puedo decir? Soy una ávida *oyente*. Así que, si mis palabras te llegan a través de los auriculares o del *bluetooth* del coche, bueno, entonces ¡es algo que tenemos en común!).

Volvamos a la historia. Armada con mi café y un poco de tiempo para mí misma, me dirigí a mi zona habitual: biografías, negocios, y salud y bienestar. La tienda vende mucho más que libros y pasé por delante de expositores de mantas y velas. Me encantan las velas y enseguida elegí unas cuantas. Estuve a punto de detenerme ante una pila de coloridos equipos y aparatos para hacer ejercicio (me distraigo con facilidad, como podréis comprobar más adelante), pero enseguida me recordé a mí misma que lo importante en ese momento eran las novedades editoriales. Fui a explorar una sección de estanterías dedicada a la superación personal. Al encontrarme en el pasillo dedicado a los «libros para cambiar de hábitos», me detuve en seco. Algunas de las portadas, con sus títulos audaces e imponentes, parecían gritar desde las estanterías con promesas, afirmaciones y llamadas a la acción: *Tu mejor yo. Sé tú mismo, pero mejor*; *Toma las riendas de tu vida*; *Cambia tu horario, cambia tu vida*; *Un año de pensamiento positivo*; *Rompe el hábito de ser tú mismo*.

Todos ellos compartían un enfoque basado en hábitos, pero eso no me sorprendió. El poder de los hábitos es uno de los principales temas de conversación en el mundo de los negocios desde que puedo recordar y, aunque algunos podrían considerar la importancia de los buenos hábitos como algo obvio, yo creo firmemente en el poder de los hábitos en el sentido de que pueden ofrecer tanto motivación como refuerzo positivo. También creo en el poder de la experiencia compartida, ya provenga de un libro, un pódcast o una persona en un evento en directo. Toda esa sabiduría y energía de los demás me ha resultado eficaz y profundamente poderosa.

Mi primera incursión en el mundo de la sabiduría motivacional se remonta a principios de los años noventa, cuando aún estaba en una fase relativamente temprana de mi carrera. Trabajaba como agente inmobiliaria en una de mis primeras agencias cuando la oportunidad llamó a mi puerta. Literalmente.

Un joven que se identificó como «representante itinerante» vino a la oficina para promocionar un evento motivacional de una nueva figura: Tony Robbins. Al principio, ese nombre me era desconocido. El representante describió a continuación a Tony como un joven cautivador, de complexión imponente, voz atronadora y una historia inspiradora. Algo nunca visto. Vale, entonces me resultó familiar. Había oído hablar de él como un personaje que había ido ganando mucha atención en el mundo de los negocios por su poderosa personalidad, su animada forma de hablar y sus conceptos innovadores.

«¿Quiere mejorar su negocio y cambiar su vida?», me preguntó el representante.

¡Claro que sí! ¿Quién diría que no a eso? La estrategia del representante era sencilla pero eficaz: me hacía una pregunta cuya respuesta ya conocía. Había conseguido despertar mi interés.

Pero con la creciente popularidad de Tony Robbins, las entradas para sus eventos eran caras. Yo era una madre soltera con tres hijos y un negocio inmobiliario que me obligaba a luchar para mantenerlo a flote. Tenía que priorizar y, entre la comida, el alquiler y las demás necesidades de una familia con un solo ingreso, las entradas para el evento no eran realmente una prioridad.

Le dije al representante itinerante que estaba demasiado ocupada y que no podía asistir, aunque la realidad era que andaba escasa de recursos. Pero, como insistió, finalmente le confesé la verdadera razón: «No me lo puedo permitir».

Y entonces —y nunca lo olvidaré, porque esto es lo que me afectó— me miró fijamente a los ojos y me dijo: «¡Señora, lo que no puede permitirse es *no* ir!».

Eso fue todo. Había encontrado la cerilla adecuada para encender un fuego en algún lugar de mi interior y, entonces, empecé a vacilar. En realidad quería acudir. Algo en mi interior me decía que debía ir, que tenía que asistir a ese acto. Precisamente porque, en realidad, lo que me impedía ir era el dinero. No tenía dinero para ir, pero, si ese evento estaba a la altura de lo que decía el promotor, podría acabar provocando un cambio real y positivo en mi forma de pensar y en mi vida en general. Finalmente decidí que tenía razón: no podía permitirme no ir.

Me arriesgué y compré una entrada que no podía pagar con una tarjeta de crédito que ya estaba al límite. Me sentía emocionada, pero también culpable. Acababa de comprar algo egoísta e irresponsable con un dinero que no tenía.

Reflexioné sobre la decisión que había tomado hasta el día del evento. Aquella mañana seguí mi rutina habitual mientras la expectación se apoderaba de mi interior y, tras dejar a mis hijos en el colegio, me apresuré para llegar al recinto a tiempo, ansiosa por encontrar un asiento libre y recuperar el aliento.

No hubo suerte. Tras presentar mi entrada y abrir de un empujón las puertas del recinto, descubrí que, al haberse agotado las entradas y ser de las últimas personas en llegar, solo quedaba sitio en una zona donde estaba el público de pie. Busqué un hueco en aquel espacio abierto e intenté centrarme, consciente de que necesitaba estar lo más presente posible. Cada dólar gastado en la entrada era un dólar que le quitaba a mi familia, por lo que no podía perderme ni un momento.

Cuando Tony Robbins subió al escenario, de alguna manera, incluso en ese enorme espacio lleno de gente, se comprometió y conectó con todos y cada uno de nosotros. Mientras compartía su historia, desde sus momentos más bajos a los hechos cruciales que le ayudaron a impulsarse hacia el camino en el que se encuentra ahora, me atrapó por completo ante cada una de sus palabras. Para mí, no se trataba de dónde se encontraba ahora —el éxito, los flashes y la fama—, sino de dónde venía. Era un ejemplo palpable de una verdad innegable: no importa de donde partas. Solo importa que empieces.

Me encontraba en un punto de mi vida esperando lo mejor. Había sido optimista, pero también estaba cansada. Me había esforzado mucho por mantenerlo todo a flote, preocupándome constantemente, no tanto por mí como por mis hijos. Estaba agotada física y mentalmente. También sentía todo el tiempo mucha vergüenza y culpabilidad, como si les hubiera robado estabilidad y seguridad a mis hijos por no haber sido capaz de mantener unida a nuestra familia. Creo que la mayoría de las personas que han pasado por una separación o un divorcio están de acuerdo en que, justificada o no, se siente mucha culpa por «haber separado» a la familia, cuando en realidad a menudo tomamos decisiones difíciles con la mejor de las intenciones. Dediqué gran parte de mi energía a poder avanzar, a hacer todo lo posible por las personas que confiaban en mí, y solo en retrospectiva me di cuenta de que había estado arrastrando una pesada carga, llena de fatiga, vergüenza, culpa y preocupación. Muy pesada.

La chispa que me llevó a aquel evento se convirtió en un fuego ardiente que encendía en mí esperanza y energía. No se había obrado ningún milagro. No se había repartido ninguna poción mágica. Tony no había ofrecido una solución instantánea a todos mis problemas. Pero, después de absorber la energía que se desprendía en aquel lugar y de asimilar las poderosas palabras que se habían pronunciado, descubrí que mi perspectiva había cambiado lo suficiente como para permitirme aliviar parte de la carga de mi mochila, lo que a su vez reforzó mi fuerza interior. Salí de allí creyendo que no era una mala persona. No era una perdedora. Las cosas malas de mi vida no me definían y ya no dejaría que mis problemas del pasado me impidieran avanzar hacia el futuro.

Mi forma de pensar también cambió en algún momento, entre el instante en que entré en aquel evento y en el que salí. «¿Qué diferencia hay entre el hombre positivo y exitoso del escenario y yo?», me pregunté. Ambos nos levantamos con el mismo número de horas al día por vivir y ninguno de los dos hemos tenido ningún respiro en nuestro camino. No, Tony no tenía la marca registrada de una poción secreta. Así que yo también podía hacerlo. Podía hacer cambios de verdad. Podía construir un mundo de estabilidad para mi familia, alcanzar mis objetivos profesionales y vivir realmente una vida alineada con mi propósito, y todo empezaría con un nuevo enfoque basado en el crecimiento, el positivismo y la confianza.

Lo que es la vida, que a menudo cierra el círculo. Porque la historia no acaba ahí. ¿Y si te dijera que, más de veinte años después, volvía a estar en otro evento de Tony Robbins? Solo que esta vez... ¡yo estaba en el escenario con él!

Me habían invitado a presentarlo en una de sus conferencias motivacionales en Toronto, con todas las entradas agotadas. Y, cuando llegó el día, me encontré mirando a la multitud, un mar de cinco mil asistentes ansiosos, todos mirando al escenario, desde donde yo misma había estado una vez. ¡Qué momento tan surrealista! Pero, por supuesto, como sucede en la vida, el plan previsto para mi breve presentación se fue al traste cuando el maestro de ceremonias me pasó una nota. Miré el trozo de papel en lo alto del podio mientras los focos me iluminaban desde arriba. El protagonista del momento estaba atrapado en un atasco.

Unas palabras de presentación ensayadas se convirtieron de repente en un relato improvisado de la primera vez que había visto a Tony Robbins y de cómo había confiado en mi instinto y encontrado la manera de pagar la entrada para uno de los acontecimientos de mayor impacto en mi vida. Le dije a la multitud que, incluso después de todo este tiempo, y las muchas experiencias relevantes que he tenido desde que asistí a ese primer evento, nunca olvidaré lo poderoso e inspirador que fue escuchar la historia de Tony, verme reflejada en su lucha y salir de esa experiencia comprometida a hacer cambios reales en mi vida. Les expliqué que no se trataba de que él hubiera inventado la rueda; ni tampoco era solo su mensaje. Era la manera que tenía de transmitirlo y su refuerzo positivo de la necesidad del cambio y el crecimiento diarios. Eso fue lo que marcó la diferencia para mí.

Y, como suele ocurrir en la vida, fue ese día sobre el escenario lo que me llevó a escribir mi primer libro. *Yes You Can: It All Starts with You* (*Sí se puede. Todo empieza en ti*) comparte mis lecciones de vida, de eficacia probada, no solo para animar a la gente a hacer cambios en su vida, sino también para ayudarles a reconocer su poder interior y despertar la motivación necesaria para emprender su propio camino.

Había también otro libro entre bastidores, solo que aún no lo sabía, hasta que empecé a estudiar todas esas estanterías en las que se exhibían títulos de autoayuda centrados en los comportamientos habituales y el valor de las rutinas.

Resulta que soy un animal de costumbres. Esto no significa que no deje espacio para la flexibilidad en mi día a día. Por supuesto que lo hago. En un negocio en el que siempre surgen cosas, tengo que ser capaz de adaptarme sobre la marcha. Pero los hábitos consolidados y las rutinas eficaces siempre han sido la base sobre la que se suceden mis días. El truco está en averiguar qué hábitos te funcionan y ponerlos en práctica con eficacia y éxito.

Algunos de los títulos de la librería Indigo basados en hábitos prometían cambiar la vida del lector en veintiún días. Otros decían que un solo hábito podía marcar la diferencia en un año. Y, como estos, muchos otros. Me di cuenta de que lo que muchos de ellos tenían en común era que requerían grandes compromisos de tiempo por parte del lector, desde varios días consecutivos de repetición necesarios para dominar un nuevo hábito hasta varias semanas o incluso meses de dedicación.

Por un lado, entiendo que las cosas positivas lleven su tiempo y que adoptar nuevos hábitos requiere constancia. No hay discusión. Pero también me preguntaba: «¿Puede haber otra forma de provocar el cambio? ¿De inspirar cambios positivos sin que la gente sienta una presión añadida o la exigencia de dedicar grandes dosis de tiempo en sus vidas? ¿Puede haber otra forma de provocar un cambio verdadero y positivo?».

Al cabo de unas semanas, seguía con estos pensamientos en mente, hasta que un día me encontré sentada frente a un nuevo compañero de nuestro equipo, que me hizo la misma pregunta de siempre: «¿Cómo consigues hacer tantas cosas al día? Siempre estás sonriendo; siempre muestras una actitud positiva y enérgica. Eres la directora general de una empresa, tienes tres hijos, seis nietos y unos padres mayores que dependen de ti. Y sé bien que siempre estás muy ocupada con el trabajo. ¿Cómo lo haces?».

Bueno, antes de nada quería decir que soy humana, aunque ser optimista ayuda. Aun así, las cosas no siempre son perfectas. Algunos días son más duros que otros. Así es la vida. Mientras intentaba formular una respuesta honesta, real y, espero, inspiradora, se me encendió una bombilla. Había llegado el momento de compartir mi sabiduría con alguien más que algunos colegas. Había llegado el momento de escribir un libro sobre «mis ciclos de 24», mis hábitos y rutinas cotidianos.

No es que considere que mi enfoque de los hábitos y las rutinas diarias sea la mejor y única forma de hacer las cosas. Tampoco creo que mis ideas superen las de otros expertos. Simplemente es lo que a mí me ha funcionado y lo que me ha impulsado como madre soltera con dificultades hasta convertirme en la presidenta de una de las mayores agencias inmobiliarias de Norteamérica, donde superviso a más de mil cuatrocientos representantes de ventas y empleados. Los hábitos y las rutinas diarias también me han ayudado a disfrutar de una vida personal plena como hija de mis inspiradores padres (¡ambos nonagenarios y en forma!), madre orgullosa de tres hijos increíbles (ya adultos), abuela de seis jóvenes increíbles, compañera devota y amiga de los que me hacen sonreír... ¡y mantener la cordura! Así que, si mis consejos pueden ayudar aunque solo sea a una persona que quiera cambiar de verdad, de forma realista y significativa, cada gramo de esfuerzo invertido en estas páginas habrá merecido la pena.

Te animo a recorrer este libro de la misma forma que yo afronto cada día: a dosis de una hora. El único compromiso que te pido es que estés dispuesto a probar los hábitos y cambios que te recomiendo durante un solo día. Solo un día. A partir de mañana. Te garantizo que podrás ver y sentir los beneficios de estas rutinas positivas de inmediato, sin importar con cuáles empieces.

Escucha esto. Sé que no es fácil cambiar de perspectiva y que modificar tu forma de pensar sobre unos cuantos hábitos diarios en ningún caso hará que tu vida esté libre de problemas de repente. Esto no funciona así. Pero, si estás dispuesto a abrir tu mente a algunas ideas nuevas, y si tienes la paciencia suficiente para reconsiderar algunas cosas que ya sabes, pero desde otro ángulo, te vas a beneficiar. ¿Que tendrás que trabajar un poco? Por supuesto. Pero ese es otro de mis lemas clave:

El cambio se produce justo fuera de tu zona de confort.

Ahí es donde se ven los resultados.

Mientras lees, piensa que tu día de 24 horas tiene un principio, una parte intermedia y un final, igual que esa novela que tienes en la mesilla de noche. A menos que tengas un horario de trabajo o de sueño inverso al de la mayoría, lo más probable es que el comienzo tenga lugar por la mañana y el final por la noche. En general, he organizado este libro, y mis correspondientes hábitos recomendados, basándome en este ciclo circadiano, haciendo hincapié en algunos hábitos que funcionan bien, al menos para mí, por la mañana y otros que funcionan mejor al final del día. Pero no hay una regla absoluta sobre cuándo deben ponerse en práctica la mayoría de estas rutinas; la consideración más importante es lo que mejor te funcione.

Los hábitos positivos, productivos y realistas van a ser los comportamientos clave que te acompañarán a lo largo del día y te llevarán hacia tu mejor futuro. Van a posicionarte de la mejor manera para el éxito y para que puedas aprovechar oportunidades más allá de tus mejores sueños. Pero, antes de que estas cosas increíbles se abran camino en tu vida, tienes que hacer el trabajo necesario. Debes cambiar tu perspectiva y tomar algunas decisiones difíciles ahora para poder cosechar los beneficios más adelante.

¿Aún eres escéptico? Te entiendo. Pero piénsalo de esta manera: si alguien puede ofrecerte la oportunidad de cambiar tu vida a mejor en un futuro, ¿no merece la pena adoptar una mente abierta en el presente? Recuerda: es mejor saltar que caer, así que toma las riendas y salta hacia el cambio.

Domina tus mañanas y dominarás el día

«O tú diriges el día, o el día te dirige a ti».

JIM ROHN

DICEN QUE NUNCA SE PUEDE COMPRAR más tiempo... pero ¿y si yo pudiera enseñarte una manera de hacerlo? ¿Y si, con solo un pequeño cambio al día, pudiera ayudarte a añadir nada menos que dos semanas anuales más de tiempo a tu vida?

Puedes hacerlo simplemente despertándote y levantándote de la cama.

Así es: deja de darle al botón de posponer la alarma y pon el cerebro y el cuerpo en movimiento. Echa las sábanas a un lado, los pies al suelo e incorpórate. Bebe un trago de la botella de agua que tienes en la mesilla de noche. ¿Cómo te sientes? Seguro que estás un poco irritable. Puede que aún tengas los ojos sensibles a la luz. Puede que tengas un poco de frío ahora, recién salido de la cama. E incluso puede que te moleste un poco mi alegre tono mañanero. (Sí, supongo que a veces puedo ser algo molesta, pero aguanta un poco. Llegarás a quererme, como apreciarás todo el tiempo extra que voy a encontrar para ti).

Levantarse temprano es el primer paso en la dirección correcta y el ejemplo más básico de cómo puedes hacer un cambio positivo en tu vida cada día. Puede parecer poca cosa, pero esa primera acción tiene un gran impacto. Así que ¡buenos días! Estás vivo. Es un nuevo día. Y va a ser estupendo porque ya has empezado a hacer cambios reales en tu vida al levantarte temprano.

Para ser sincera, creo que siempre he sido un poco madrugadora. Mis padres cuentan que, cuando era pequeña, me levantaba antes que los demás y me dedicaba a *ordenar* la cocina. Como podéis imaginar, probablemente ensuciaba más que limpiaba, pero, según cuentan, me dedicaba a este pequeño ritual para ganar tiempo extra. Supongo que sentía que quería empezar el día con algún pequeño logro, algo digno de elogio por parte de mis padres, una contribución a nuestro pequeño mundo entre aquellas paredes. Incluso en esos años de infancia, era consciente de que no teníamos mucho. Mis padres eran inmigrantes humildes y trabajadores que nos daban todo lo que podían. Pequeños gestos como ordenar la cocina eran la forma en que mi yo más joven encontraba una manera de agradecer.

Creo sinceramente que la mañana es sagrada. Cada día me despierto con los pájaros y, cuando abro las persianas y contemplo lo que el mundo exterior me ofrece al salir el sol, me acuerdo de unas vacaciones que pasé en Roma hace algunos años. De todas las vistas y sonidos —y, por supuesto, de las increíbles comidas que disfruté durante aquel viaje—, los recuerdos que más me impactaron fueron las mañanas. Me levantaba con el sol y abría las puertas de madera del balcón que conectaban con el mundo exterior. A esa hora, Roma aún no estaba atestada de ruidosos coches que no paraban de tocar el claxon ni de los vendedores ambulantes que pronto invadirían las calles y aceras. Los turistas seguían dormidos en la cama, sin cámaras que hicieran clic ni mapas abiertos que los guiaran por los caminos empedrados. No, en ese momento, cuando el sol empezaba a iluminar cada centímetro de aquel increíble paisaje urbano, solo estaba yo en el balcón y los barrenderos abajo, preparando el paisaje para el caos habitual del día que se avecinaba. Permanecía allí mientras pasaban los minutos y, poco a poco, toda Roma cobraba vida, la ciudad se abría ante mis ojos.

Y es esta experiencia la que me llevé a casa: la sensación de levantarme con el día, el poder de aprovechar ese momento y formar parte de esa ventana exclusiva de tiempo que tanta gente se pierde.

Los paisajes europeos son espectaculares, por supuesto, pero no se puede confiar en las vacaciones para captar este espíritu. Hay que encontrar la misma sensación de conexión diaria estés donde estés. En mi vida cotidiana, aprovecho este primer hábito del día desde dondequiera que empiece la mañana, ya sea en mi casa de la ciudad o en la terraza de la casa de campo junto al agua. Todo lo que necesitas es a ti mismo y una vista o un lugar al aire libre. El sol de la mañana sale estés donde estés, así que no hay excusa para perderse el momento.

Esos minutos son cruciales para mí. Se han convertido en parte de lo que soy. El reloj de arena de la vida se pone a cero cada día, cada 24 horas. Es todo lo que tenemos, si Dios quiere, mientras estemos en este mundo. Todos estamos dotados del mismo recurso valioso y no renovable desde el momento en que abrimos los ojos: 24 preciadas horas para usarlas y gastarlas como queramos. Recuerda: nunca volverás a ser tan joven como en este momento, ahora mismo, lo que significa que cada minuto que tienes por delante es precioso. El día te pertenece.

En todos los ámbitos de nuestra vida, tenemos que aprender a valorar la calidad por encima de la cantidad y eso empieza, literalmente, al comienzo de nuestro día, cuando nuestras mañanas marcan la pauta de todas las horas que nos esperan. ¿Qué clase de madrugador eres? ¿La calidad de tus mañanas está a la altura de lo que mereces? ¿Te identificas con esa alegre presentadora de las noticias matutinas, llena de energía, o eres más del tipo «Ni me hables hasta que me haya tomado un café»?

Cuánta razón tiene el proverbio que dice que «a quien madruga Dios le ayuda», pues hacerlo maximiza las posibilidades de obtener resultados positivos en todas las tareas del día. Los madrugadores habituales, que ven el valor de empezar a aprovechar el día antes que el resto del mundo, están en piloto automático desde el momento en que se despiertan. Abren los ojos, activan el cerebro y su subconsciente se pone en marcha. Rara vez están atontados. Entran en la siguiente fase del día alerta. Y tampoco tienen tanta prisa como los demás. A partir de ahí, todo se desarrolla como una danza coreografiada.

A estas alturas de mi vida, no necesito despertador. Mi cuerpo está tan sincronizado con mi rutina que me despierto de forma natural a la misma hora cada día. Pero esto también se debe en gran parte a que el resto de mi día sigue un ritmo general que me lleva a dormir siempre a la misma hora, lo que me permite mantener una rutina matutina.

Tal y como yo lo veo, cuando me despierto por las mañanas, ya sea cuando sale el sol o aún en la oscuridad total (los canadienses pueden dar fe de nuestros oscuros meses de invierno), ¡el día es mío! Miro por la ventana para ver por primera vez el nuevo ciclo de 24 horas que tengo por delante y siento que me uno al día. Tanto si estoy viendo salir el sol como si soy testigo de los últimos coletazos de la oscuridad nocturna mientras esta deja paso a la luz, puedo sentir cómo me sincronizo con el día. Empezar temprano me da fuerzas. Tengo la sensación de estar tomando ventaja sobre el día incluso antes de que empiece.

Recuerdo una conversación que mantuve con un empresario de éxito hace muchos años. Él también era madrugador. Sus motivaciones para levantarse se centraban en la capacidad de *adelantarse* al día y, así, marcar la pauta como líder en su puesto. Se levantaba temprano, iba a toda máquina, visitaba sus lugares de trabajo antes del comienzo oficial de la jornada laboral y hacía inventario de cada proyecto y cualquier problema o asunto que hubiera que abordar. Se aseguraba a sí mismo del progreso de los proyectos, lo que le daba la confianza de estar al tanto de todo antes de que sus equipos y obreros se presentaran a trabajar. Como líder de su empresa, sabía que, en última instancia, era él quien tenía la responsabilidad de garantizar que su personal trabajaba en un lugar seguro, que la información que transmitía era precisa y que conocía de primera mano cómo iban las cosas. Las sorpresas que se llevaba al empezar el día eran mínimas, porque había aprovechado la mañana para adelantarse a la jornada.

Me gusta pensar que esta práctica se aplica también en los hogares. Los padres suelen ser los primeros en levantarse y se preparan a sí mismos y a sus familias para el día que tienen por delante. Y creo que se puede afirmar con seguridad que aquellos de nosotros que somos capaces de dedicar ese tiempo extra por las mañanas nos sentimos menos *fuera de juego* que el resto de la gente a las 9 de la mañana, cuando todo el mundo parece *fichar*. Es una ventaja que depende de muchas variables de tu vida, seguro, pero a la que merece la pena aspirar de la forma que sea.

**El madrugador disfruta de una relación privada
con el mundo que realmente marca el ritmo
del resto del día.**

Ese momento privado de la mañana, el levantarme temprano y la conexión con el día que tengo por delante, es el primer hábito que marca la diferencia para mí.

Esto es lo que llegarás a descubrir, una vez que encuentres hábitos y rutinas que te funcionen, y la manera en que aprovecharás al máximo tus 24 horas. No volverás atrás. Apuesto a que la mayoría de vosotros estaréis de acuerdo en que lo que hacéis ahora no funciona. O, como mínimo, en que las cosas podrían ir mejor.

Así que, ¿por qué no comprometerte a un día de cambio? Pequeños cambios que puedes poner en práctica en tus próximas 24 horas, gratis y con posibilidad, en todo momento, de volver atrás. ¿Qué puedes perder?

No soy la única persona que promueve este hábito. Robin Sharma es un exabogado reconvertido en autor de superventas y conferenciante motivacional que da fe de su poder en su libro *El Club de las 5 de la mañana: Controla tus mañanas, impulsa tu vida*. «Ganar empieza por el principio», escribe. «Sé dueño de tus mañanas y dominarás tu vida».

Hay muchas razones por las que él, y muchas otras de las figuras motivacionales más destacadas del mundo, sugieren levantarse temprano como piedra angular del éxito. Una es que funciona. Otra es que nunca sabes lo que te espera. Imagínate lo peor. Suena el teléfono. ¡Ring, ring! Descuelgas y oyes una voz siniestra: «Hola. Esta llamada es para informarle de que su contrato expira dentro de unos meses. Que tenga un buen día».

Me levanto cada mañana, tanto en los días buenos como en los no tan buenos, agradecida por cada gota de vida que me toca vivir. Y por eso salto de la cama. Vale, puede que algunas mañanas sea menos un salto y más un lento dejarme caer, pero aun así, estoy realmente entusiasmada con mi vida y con la oportunidad de afrontar el día, de marcar la diferencia, de ayudar a la gente y de vivir mi propósito. Para aprovechar al máximo este regalo de 24 horas. Y, aunque a nadie le gusta pensar que su tiempo puede acabarse pronto, es importante recordar que este regalo no responde a un servicio de suscripción garantizado para siempre. Todo tiene una fecha de caducidad y cada día es una bendición.

¿Estás dispuesto a comprometerte a probar un nuevo hábito, no conmigo —nos acabamos de conocer—, sino contigo mismo?

MEDIDA N.º 1: PROGRAMAR EL DESPERTADOR PARA QUE SUENE UNA HORA ANTES DE LO HABITUAL.

Sí, hazlo ya mañana, no en algún momento del futuro. Solo te pido una mañana, y no será tan difícil. Después de todo, no te estás comprometiendo con este cambio durante un mes, ni siquiera durante una semana. Solo estamos hablando de un día, para probarlo. Así que ajusta la nueva hora en el teléfono. ¿Ya está? Estupendo. Saborea este momento, porque acabas de convertir una idea en una acción y eso sienta bien, ¿verdad? Estoy segura de que, cuando mañana te levantes una hora antes, verás y sentirás el cambio, y te engancharás. Este pequeño gesto se traducirá en quince increíbles días extra a lo largo del próximo año y te inspirará para actuar en el siguiente cambio de tu rutina diaria. Sigue leyendo para descubrirlo.

Planifica con antelación, pero prepárate para improvisar

> «La vida intencional es el arte de tomar nuestras propias decisiones antes de que las decisiones de otros nos tomen a nosotros».
>
> RICHIE NORTON

EMPECEMOS CON UNA PEQUEÑA ENCUESTA. ¿Con cuántas de las siguientes preguntas te sientes identificado?:

- ↻ «¡Nunca dispongo del tiempo suficiente!».
- ↻ «¿Cómo es que ya son las [hora]?».
- ↻ «Siento que no he conseguido hacer nada».
- ↻ «¿Ya ha pasado otro día?».

Si eres como la mayoría de la gente, seguro que más de una vez has empezado el día con la sensación de ir diez pasos por detrás de los demás. O te has encontrado pasando de una tarea a otra frenéticamente, con la sensación de que el día se te va de las manos. Pero tengo una buena noticia. Esta sensación tan común de no tener nunca tiempo suficiente tiene solución. Es cierto, ¡te lo prometo! Te explico cómo.

Vive con *intención*.

A lo largo del libro vas a ver mucho esta palabra, porque es uno de mis principios personales fundamentales. Vivo mi vida, hasta cada hora de las 24 diarias que tengo, con intención: la intención de estar presente, de disfrutar del momento, de marcar la diferencia, de vivir mi propósito. Mis intenciones son infinitas y representan mi fuerza motriz a cada paso. Son las que me impiden perder el tiempo viendo la televisión por la mañana o navegando sin sentido por las redes sociales o sirviéndome otra taza de café. Ninguna de estas actividades me reporta beneficios reales en el día que tengo por delante y mi objetivo final es siempre maximizar mis mañanas; de hecho, maximizar todo mi día. Así que confío en la intención como base de mi plan diario, que a su vez me posiciona de forma óptima y garantiza el mejor escenario para mis próximas 24 horas. Para mí, esto es imprescindible.

El conferenciante motivacional Jim Rohn aconsejaba «no empezar nunca el día hasta que esté terminado en el papel». Eso significa alinearse con el presente y reflexionar conscientemente sobre lo que tenemos por delante. A veces, planificar implica encontrar un lugar tranquilo, sentarse relajadamente, cerrar los ojos e imaginarse a uno mismo realizando los desplazamientos del día, según las intenciones. O puede que solo tengas que echar un vistazo a tu agenda durante diez minutos, leer lo apuntado en voz alta y detenerte en cada punto para intentar manifestar los resultados que deseas. Para algunos, el proceso de planificación diaria puede incluir una imagen en la que, tras revisar la agenda del día con los objetivos y propósitos finales en mente, se dirigen a su representación visual e identifican el vínculo directo entre las acciones previstas para el día y los resultados finales que planean para el futuro.

Recuerda: los buenos hábitos y rutinas se basan en la constancia, así que busca el método que te funcione y sigue a partir de ahí. No se trata de una estrategia única; no tengas miedo de probar diferentes técnicas antes de decidirte por la que te parezca más adecuada. Cueste lo que cueste, este hábito es crucial para el resto del día porque, al hacerlo, tomas el control de tu tiempo y empiezas el día con energía. También es mejor que ir a ciegas, porque —seamos realistas— lo inesperado puede ocurrir. Cuando suceda, podrás anclarte al momento e improvisar si tienes un plan a partir del cual trabajar.

Esa palabra, *improvisar*, es un elemento clave de este segundo hábito. Nunca se puede planificar todo. Lo desconocido siempre estará ahí esperándote. Así es la vida. Me viene a la mente el lema de *Survivor* (*Supervivientes*, en España), el programa de telerrealidad: «Espera lo inesperado». Siempre me asombra pensar que gente de todo el mundo, de todo tipo de orígenes, sueñan con participar en un programa de televisión en el que la premisa es alejarse de su zona de confort, acabar en una isla remota con lo más básico y exponerse a desafíos físicos y mentales agotadores.

Y, por supuesto, quejándose y luchando entre sí por una oportunidad de llevarse el gran premio. ¡Como si la vida real no fuera suficientemente dura!

Pero luego pienso en la vida real y no es difícil ver los paralelismos: encontrarte fuera de tu zona de confort, sumergirte en lo desconocido y desafiarte a ti mismo. En ese contexto, puedo ver el atractivo; *Survivor* es, en cierto modo, la vida real a una escala mucho mayor. No voy a presentarme al *casting* del programa en un futuro próximo, pero, hasta cierto punto, lo entiendo.

Ser capaz de improvisar empieza por esperar que las cosas no salgan según lo previsto. Algunas personas prosperan en lo desconocido, mientras que otras lo temen, pero todos nos encontramos en esa situación en un momento u otro. Cuando eso ocurre —cuando el plan se esfuma—, ¿qué haces? ¿Darte la vuelta? ¿Levantar las manos y admitir la derrota?

De ninguna manera. No es una opción. Improvisas y sales del embrollo.

A principios de la primavera de 2021, me encontraba al final de un día como cualquier otro. Vale, sí, el mundo estaba en medio de una pandemia global, pero en ese momento teníamos protocolos de seguridad en marcha y todo el mundo hacía lo que podía. Dentro de lo que cabía, la vida seguía como siempre.

Esa mañana me levanté temprano, como siempre, y disfruté del amanecer mientras me tomaba un batido después de hacer ejercicio. Entré en la oficina y, como estaba en mi elemento, me sumergí en la jornada laboral: una mezcla de reuniones programadas por Zoom, reuniones con mis agentes y el personal y, como es habitual, algunos incendios imprevistos que apagar. Todo siguió como siempre. Terminé el día sobre las seis de la tarde y me fui a casa.

Lo curioso de la vida es que, por mucho que nos gustaría que nos avisaran con antelación, nunca hay una gran señal intermitente que nos lo indique. Así que aquella tarde estaba en casa, siguiendo mi rutina habitual, hasta que de repente me vi yendo al hospital en ambulancia. Tras varias pruebas y frustrantes periodos de tiempo luchando con lo desconocido y esperando respuestas, finalmente me enteré de que tendría que someterme a una histerectomía.

Sabía que era el momento de improvisar. En absoluto iba a compadecerme de mí misma. De ninguna manera. Me habían pillado por sorpresa, claro. Nadie es invencible, seas quien seas. La gente suele verme como una mujer fuerte y poderosa —una dura jefa—, pero aquel día, de la nada, la vida me derribó. Y, de un día para otro, las pruebas y los tratamientos pasaron a formar parte de mi nueva normalidad. La vida me estaba poniendo de los nervios, pero no estaba dispuesta a dejar que ese susto se apoderara por completo de mi existencia.

Improvisar no significaba tirar mi rutina por la ventana. De hecho, intenté mantenerla en la medida de lo posible. Mi rutina me mantuvo cuerda y con los pies en la tierra durante ese periodo tan surrealista de mi vida. Pero hubo momentos en los que tuve que desviarme de mi rutina habitual. Hice todo lo que pude para modificarla de forma que siguiera funcionando para mí, intentando no suprimir cosas si podía evitarlo e incorporando nuevas actividades y compromisos a mis días. Los madrugones seguían siendo míos, así que agradecí poder mantener ese ritual, pero fue un *shock* en mi sistema sentir que había perdido parte del control sobre mi propio cuerpo, el que había cuidado durante la mayor parte de mi vida adulta. Por ejemplo, los días en los que mis niveles de energía se reducían, tenía que encontrar la fuerza para aceptar mis circunstancias y adaptarme a las señales que me daba el cuerpo. Esto fue una realidad sobre todo después de la operación. Y, aunque mi instinto durante ese tiempo era sobreponerme a la incomodidad y volver a ser yo misma, supuso una dosis de humildad darme cuenta de que el cuerpo habla y, aunque la mente puede estar preparada y dispuesta a levantarse y ponerse en marcha, el cuerpo a veces toma las riendas.

Cuando me diagnosticaron la enfermedad, sabía que era una de tantas mujeres a las que les habían dado la misma noticia, como también sabía que era afortunada en muchos aspectos. Armada por fin con algunas respuestas, empecé a planificar los pasos siguientes, a establecer un plan para el preoperatorio, la operación y el postoperatorio, como haría normalmente con cualquier otra cosa. Tenía un plan, pero aun así tuve que cambiar de rumbo. Mi tiempo, la reacción de mi cuerpo al proceso, mi vida personal cotidiana y mis negocios, todo ello requería un nuevo nivel de consideración y navegación. De repente, programar mi tiempo se hizo un poco más complicado. ¿Tendría cita en la clínica ese día? ¿Cómo me encontraría? Había nuevas variables e improvisar significaba hacer los ajustes necesarios, planeados o no.

Tengo que decir que hice un buen trabajo en conjunto. Lo hice lo mejor que pude. No fue fácil, pero tampoco imposible, y me concentré en mis intenciones. Resultó que tenía que incorporar una nueva intención a mi rutina diaria: superar un problema de salud inesperado.

Entonces, ¿por qué dedicar tanto tiempo a preparar y revisar planes si la vida te da sorpresas de todos modos?

Te diré por qué. Cuando te levantas con intención, planeas sacar el máximo partido a tu día y te alineas con tu propósito, estableces un camino con confianza. De ese modo, cuando ocurran cosas —que ocurrirán— sabrás qué dirección tomar. Mirándolo de otra manera, piensa en tu plan diario como la ruta GPS para tu día en la que luego surgen cosas inesperadas que te obligan a tomar desvíos. ¿Te desvían temporalmente? Claro que sí. ¿Pero te obligan a renunciar por completo a tu destino? De ninguna manera. Improvisar no significa necesariamente tomar una dirección totalmente nueva. A veces implica pequeños cambios. O puede que solo sea cuestión de tomarse un momento —respirar, contar uno, dos, tres o hasta cuanto sea necesario para centrarse— y luego volver al plan general. Si no sabes adónde te diriges o cuál es tu ruta general para llegar allí, un desvío inesperado puede hacerte descarrilar. Pero los desvíos son mucho menos aterradores cuando tienes un plan.

Trazar tu ruta diaria te ayuda a mantener el rumbo o a retomarlo cuando la vida te lleva por desvíos.

Créeme, te enganchará esa sensación de confianza añadida si tienes un plan antes de tener que improvisar. Imagínate sentirte preparado cada día, sabiendo adónde vas, y poder afrontar los obstáculos de la jornada con la energía que has generado al establecer tus intenciones, para así poder gestionar lo inesperado con pensamientos claros, tranquilos y serenos.

A menudo, la gente se resiste a planificar porque es una cosa más que añadir a la agenda. Parece que no encuentran el momento adecuado para esta actividad. Pues déjame decirte algo. Cuando se trata de cualquier nuevo hábito, nunca vas a encontrar el momento adecuado para empezar, porque esto es la vida real y siempre va a haber algo que suceda e interfiera con el plan. Tienes que dedicar tiempo y comprometerte con este nuevo hábito y con cualquier otro cambio que hagas en tu vida.

Algunas personas piensan que, en lugar de elaborar un plan detallado, es más fácil evitar lo inesperado o negar que pueda ocurrir hasta que lo tienen delante de las narices. Y, de acuerdo, puede que en el momento resulte más fácil. Pero ¿es más inteligente? Lo siento, pero ¡no! Aunque a todos nos pasa de vez en cuando —un mal día, una semana dura, una crisis con los niños, alguna emergencia familiar, el coche, el trabajo, un imprevisto en nuestra agenda— y desearíamos poder evitar el problema por completo, no podemos vivir así. Si te encuentras viviendo en la negación y la evitación, tienes que profundizar y empezar a hacerte algunas preguntas reales acerca de lo que te impulsa tanto a evitar problemas potenciales. Esa vacilación es una señal de tu voz interior, que te dice que algo está pasando; es una señal de advertencia, como el trabajador de la construcción en la carretera que agita una bandera naranja para alertarte de un desvío. Tienes que llegar a la raíz del problema y afrontarlo de frente, siempre volviendo a tus intenciones, y luego volver a trabajar en tu plan, haciendo los cambios que necesites.

Cada día es un regalo y puede ser difícil tenerlo en cuenta cuando vivimos tiempos difíciles y nuestro día a día se complica. Pero estás vivo y respiras. Y la vida está sucediendo ahora. No es un ensayo general. Es la realidad. Así que vamos a trabajar en tu plan para mañana.

> **MEDIDA N.º 2: DEDICA DIEZ MINUTOS A REVISAR TUS PLANES PARA EL DÍA E IDENTIFICA OPORTUNIDADES DE FLEXIBILIDAD EN CASO DE QUE NECESITES CAMBIAR DE RUMBO.**

Haz lo necesario para que algún día, pronto, empieces a despertarte y a sentirte bien con tu vida. Porque solo tienes una oportunidad y cada ciclo de 24 horas es un regalo, no algo garantizado. No desperdicies este regalo diario. Prepárate para él; estate presente; improvisa cuando sea necesario y vívelo con todo su potencial.

La carretera te espera. ¿Qué mejor momento que este para planificar la ruta?

Abraza tus rituales diarios

«Nos convertimos en lo que hacemos repetidamente».

SEAN COVEY

AHORA QUE TE HAS DESPERTADO TEMPRANO y te has centrado en lo que te espera, es el momento de dar el siguiente paso para aprovechar el día al máximo.

Piensa en tu novela o serie de televisión favorita, en la que los personajes importantes se presentan al principio y las partes de la trama aparentemente irrelevantes y los detalles se dejan caer como semillas que hay que alimentar y cultivar. Al final, toda la historia cobrará sentido gracias a esos detalles que se presentaron al principio. Del mismo modo, el comienzo del día prepara el terreno para todo el resto. Es el momento de plantar las semillas y dar los primeros pasos concretos.

Si tuvieras que hacer una lista de las pequeñas cosas que haces cada mañana, incluidos todos tus rituales diarios aparentemente insignificantes, ¿cómo quedaría? Mi lista de pequeñas cosas, que hago cada mañana con el piloto automático, me sirve de base para mantenerme alineada con mi propósito, independientemente de los giros inesperados y los baches ocasionales en el camino.

Tendemos a descartar estos pequeños rituales como algo sin sentido, simplemente como lo que hacemos por costumbre. Bebemos un batido de proteínas, llenamos el termo con agua y tomamos el mismo camino al trabajo todos los días. No es para tanto,

¿verdad? Pues en realidad sí que lo es. Todo lo que hacemos importa. Todo. Y la clave es recordar que los pequeños rituales importan con el tiempo.

Nos metemos en problemas cuando, en aras de la comodidad a corto plazo, pasamos por alto la importancia de los pequeños detalles y su relación con nuestros objetivos a largo plazo. Podemos recurrir a la bollería industrial de la oficina porque necesitamos saciar nuestra hambre inmediata si no nos preparamos el batido de proteínas en casa. Vamos directamente a por el café porque necesitamos un estimulante instantáneo, en lugar de beber agua muy fría. Miramos el móvil mientras nos apresuramos en el coche porque se nos han pegado un poco las sábanas y salimos tarde de casa.

Cuando nos salimos de nuestras rutinas y acabamos privando a nuestro cuerpo de una nutrición e hidratación adecuadas o añadiendo estrés y riesgos indebidos a nuestras mañanas, todo en nombre de la satisfacción a corto plazo, desencadenamos lo que podría convertirse en un patrón de comportamientos autocomplacientes con recompensa inmediata, pero penalizaciones duraderas a largo plazo. Los estudios han demostrado que los pequeños detalles al comienzo de la jornada son los que más influyen en el día en su conjunto.

El almirante y exmiembro de la Marina estadounidense William H. McRaven escribe sobre ello en su libro *Hazte la cama. Y otros pequeños hábitos que cambiarán tu vida y el mundo.* Sugiere que los pequeños hábitos, como hacerse la cama, están directamente relacionados con la superación de los retos de la vida, ya que establecen una pauta para completar las tareas. Mientras pronunciaba el discurso de graduación en la Universidad de Texas en 2014, aconsejó que realizar esa pequeña tarea por la mañana infunde orgullo, nos anima a hacer más y nos recuerda que las pequeñas cosas cuentan y, en cierto sentido, representan peldaños hacia la grandeza. Como sugirió: «Si quieres cambiar el mundo, empieza por hacerte la cama». Una frase poderosa.

El autor de *bestsellers* Charles Duhigg lleva el concepto de hacer la cama un paso más allá en *El poder de los hábitos. Por qué hacemos lo que hacemos en la vida y en el trabajo*. Comenta que la simple acción de hacer la cama puede no traducirse directamente en un aumento de la productividad en el trabajo, pero lo considera un «hábito clave» que puede dar paso a otros hábitos.

Tanto si se trata de hacer la cama como de poner en práctica algunos estiramientos de yoga o de ver cómo se encuentra nuestra pareja, los rituales matutinos saludables pueden tardar en afianzarse y en tener un impacto notable, y esto suele implicar algo de ensayo y error a medida que trabajamos para averiguar, paso a paso, qué es lo que mejor nos funciona a cada uno de nosotros. ¿Qué diferencia a quienes establecen y mantienen estos rituales matutinos?

Intención, planificación y coherencia.

Lo que necesitaremos el día siguiente no se prepara solo la noche anterior. Ese batido saludable no se mezclará solo ni ese obstáculo que te tiene atascado quince minutos más cada mañana se resolverá por sí solo. Del mismo modo que hacer la cama significa tener sábanas, edredones y almohadas listos, es posible que tengas que elegir la ropa para el día siguiente antes de irte a la cama, teniendo en cuenta cuál es tu intención: comodidad, imagen profesional, etcétera. Puede que tengas que preparar y lavar los ingredientes y ponerlos en la batidora la noche anterior si tu intención es salir rápido al día siguiente. Y, si sabes que tienes que llegar a tiempo al trabajo, no sigas utilizando la excusa de «¡Es que hay mucho tráfico!». Eso puede funcionar una vez, ¡pero no en cada ocasión! Cuando sepas por experiencia que el tráfico puede retrasarte, sé previsor y planifica una ruta alternativa, por si acaso mañana es otro día de obras en la carretera. Sé inteligente y toma medidas preventivas. En otras palabras, prestar atención a las pequeñas cosas significa algo más que darse cuenta de ellas.

**Tienes que hacer que las pequeñas cosas
te funcionen como parte de tu plan diario.**

Hace falta compromiso. Pero ¿por dónde empezar?

Para que sean eficaces, tus rituales matutinos deben girar en torno a las cosas que te atraen de forma natural. No hay razón para forzarte a adoptar comportamientos que normalmente no te atraerían: ¿por qué ponérselo uno más difícil? Por ejemplo, podrías tener la tentación de ser demasiado ambicioso y crear una rutina basada en ideales: poner el despertador a las cinco en punto, planificar una extensa rutina de ejercicios y engullir un batido lleno de verduras que odias. Todas esas cosas son ideas estupendas de rituales matutinos, y puede que estén en el camino de la superación personal y que de alguna manera te atraigan. Pero, si significa que estás intentando convertirte en alguien distinto de quien eres, tienes que parar y encontrar lo que de verdad te funciona.

Cuando fijamos nuestros objetivos en la idea de convertirnos en otra persona, ponemos el listón a un nivel que desde el primer momento parece fuera de nuestro alcance. Estás trabajando para convertirte en alguien nuevo, y eso puede parecer imposible. Y con razón. ¿Has intentado alguna vez pasar el día siendo alguien distinto de ti mismo? Cada acción parece forzada, cada movimiento requiere el máximo esfuerzo y energía. ¡Uf! No es de extrañar que tanta gente se rinda antes de empezar. Solo pensarlo es agotador.

Recuerda, cuando trabajes en la superación personal, debes centrarte exactamente en eso: en la superación personal, es decir, en maximizar el potencial y el rendimiento de la persona que ya eres. En mi primer libro, *Sí se puede*, abordé la idea de que tu camino hacia el éxito personal no es *de talla única*. Lo mismo se aplica a tus rutinas y rituales diarios. Así que, cuando estés listo para tomarte en serio lo de cambiar tu vida a mejor, planifica cambios que ofrezcan el camino de menor resistencia y se alineen con tu ritmo natural. Escucha a tu cuerpo. Déjate guiar por tu instinto natural. Y no te compliques.

Pensando en mi propia rutina matutina, me di cuenta de que mis rituales se han convertido en algo tan natural para mí que cada paso de mi rutina fluye con naturalidad. Empiezo levantándome temprano para hacer ejercicio, lo que a veces significa simplemente dejarme caer en una esterilla en el suelo y hacer una sesión rápida de yoga de veinte minutos. Al fin y al cabo, todo movimiento es movimiento, por lo que creo que dejándome pequeñas *trampas*, como poner una esterilla de yoga a la vista y al alcance de la mano, me quedo sin excusas para no moverme. Otros de mis rituales matutinos incluyen preparar batidos saludables y pasear a mi perro, Skye. Todo forma parte de mi vida diaria. Y puedes apostar a que cada una de estas acciones que hago en piloto automático contribuye positivamente, de alguna manera, tanto a mi mañana como al día siguiente. Hacer ejercicio me proporciona las endorfinas y la adrenalina necesarias para ponerme en marcha. Mi batido rico en vitaminas me nutre el cuerpo y la mente, por no hablar del combustible saludable que me lleva hasta la hora de comer. Incluso un paseo rápido al aire libre o lanzarle la pelota a Skye me ofrece tiempo para mí, que necesito para disfrutar de mi cariñoso y peludo amigo y respirar esa primera bocanada de aire fresco, mientras observo su emoción cuando toma la pelota, lo que a su vez me pone de buen humor para el ajetreado día que tengo por delante.

En mi vida diaria, algunas de las pequeñas cosas que se han convertido en elementos fundamentales no negociables son los rituales sociales. Y, aunque tengo varios rituales matutinos que me funcionan muy bien, uno de mis favoritos es el almuerzo.

Nunca solía tener una rutina para comer. Al principio, estaba demasiado ocupada y recurría a algo fácil, como una barrita de cereales, o me lo saltaba por completo. Finalmente, al darme cuenta de que necesitaba algún tipo de combustible para pasar el resto del día, empecé a salir a comer fuera. Supongo que es una rutina bastante básica para los que trabajamos en oficinas, pero empezó a descuadrarme. Salir significaba que tenía que dejar de hacer lo que estuviera haciendo (¡seguro que muchos de vosotros os sentís identificados con el hecho de no tener una hora definida para comer!), subirme al coche, conducir hasta un lugar cercano, sentarme, esperar a que me trajeran la comida e, inevitablemente, retrasarme al volver porque acababa viendo a alguien que conocía y me ponía a charlar con esa persona. Empezó a ser un fastidio. Me encanta la comida y me encanta la gente, pero esto no me servía para el día a día. Como tampoco saltarme la comida o confiar en una barrita de cereales para mantenerme. Así que empecé a pedir comida para llevar. Una sabrosa ensalada de pollo de un restaurante local se convirtió en mi plato favorito. Pero incluso eso acabó ocasionándome problemas. Me encontraba comiendo la ensalada con gente entrando y saliendo de mi oficina y empezaba a sentirme mal porque solo tenía un plato y apenas tenía para compartir. Todavía no había encontrado una rutina para comer que me resultara satisfactoria.

Fue entonces cuando empecé a planificar con antelación y a llevar ingredientes frescos para mis almuerzos a la oficina. Los domingos compraba paquetes de lechuga, los lavaba, los secaba y los preparaba en casa para llevarlos el lunes por la mañana. Con una pequeña cocina y un pequeño frigorífico en la oficina, podía guardar la ensalada, junto con otras verduras y alimentos proteínicos, para la semana siguiente. Cuando llegaba el mediodía, preparaba la ensalada —sí, sé hacer ensaladas— y, a medida que la gente entraba y salía de mi oficina, el tamaño de la ensalada que preparaba reflejaba la gente con la que acababa compartiéndola.

No pasó mucho tiempo antes de que esta ensalada de mediodía se convirtiera en un ritual social. No importaba si éramos unos pocos o un grupo más grande; siempre había alguien que se pasaba a comer. Como soy una persona que comparte por naturaleza, me sentí bien al poder compartir el pan con quien me acompañaba. El resultado de este ritual ha sido que la hora de comer en mi oficina es como sentarse a la mesa con la familia. Se tiene la sensación de que toda la gente es bienvenida y, con el denominador común de una buena comida, todo el mundo puede contribuir a la conversación. Incluso el acto de preparar la ensalada se ha convertido en un trabajo de equipo. El primero que llega a la hora de comer sabe que tiene que sacar el bol grande y empezar a cortar lechuga. Y, aunque los complementos pueden variar —a veces son unos buenos trozos de jamón serrano, una lata de atún o garbanzos, o tal vez algo casero—, cuando llega el momento de aliñar la ensalada, ¡yo intervengo para darle el toque final!

Esta rutina ha sido muy orgánica desde el principio; fue un acontecimiento natural que simplemente evolucionó y se convirtió en una parte más del día. Cualquiera que haya participado en uno de estos almuerzos dirá que es una mezcla de conversaciones. Al igual que una familia en la mesa, hay voces enérgicas que hablan por encima de otras, risas cuando se comparten anécdotas, sesiones inesperadas de intercambio de ideas cuando algunos sacan a relucir temas para que les den su opinión, entusiasmo cuando surgen conceptos creativos y estrategias empresariales sobre la marcha. Pueden ocurrir muchas cosas cuando la gente se siente incluida... ¡y alimentada! Y, tanto si tenemos quince minutos como una hora para profundizar, se ha convertido en un pequeño ritual al que no puedo renunciar. De hecho, cuando alguno de mis *asiduos* a la hora de comer se ausenta o yo no estoy en la oficina, lo que más echamos de menos es compartir la comida y esa sensación de estar juntos.

Esta comida se ha convertido en mucho más que un simple almuerzo en grupo. Es una experiencia compartida en la que los participantes de un día determinado pueden sentirse en comunidad. Algunos días, el objetivo es aportar al grupo, ya que elaboramos estrategias para que un agente pueda ayudar mejor a sus clientes en una venta difícil. Otros días, es un intercambio de historias, ya que llegamos a conocernos un poco mejor a través de nuestros relatos personales. La cuestión es que se trata de una oportunidad para sentarnos, disfrutar de una buena comida y ver adónde nos lleva la conversación. Y no me cabe duda de que, para cualquiera que haya participado, esta sesión de mediodía no ha hecho sino consolidar el ambiente positivo e integrador que siempre he fomentado en mis oficinas.

Pero recuerda que el hecho de que ya tengas una serie de rituales diarios en tu día a día no significa que todos ellos estén contribuyendo a tu vida de forma positiva.

Del mismo modo que nuestros rituales diarios positivos pueden tener un efecto igualmente positivo, nuestros comportamientos y rituales negativos pueden hundirnos. Por eso es tan importante no solo aceptar el cambio y trabajar para dar cabida a pequeñas cosas nuevas y gratificantes en nuestra vida, sino también analizar con honestidad nuestra existencia y ver en qué aspectos podríamos beneficiarnos si redujéramos o abandonáramos por completo ciertos rituales y rutinas. Al eliminar las cosas y los comportamientos que no nos sirven a nosotros ni a nuestro propósito, estamos haciendo sitio para cosas mejores que sí lo harán.

La conciencia es la clave. Solo cuando das un paso atrás, miras a tu alrededor y luego miras dentro de ti, puedes empezar el verdadero trabajo. Aquí es donde siempre han empezado mis mayores avances en la superación personal: desde dentro.

El icono de la tecnología Steve Jobs es un brillante ejemplo de alguien que aprendió a abrazar su rutina y rituales diarios y a tomar medidas correctivas cuando era necesario. «Si hoy fuera el último día de mi vida, ¿querría hacer lo que voy a hacer hoy? Y siempre que la respuesta ha sido "no" durante demasiados días seguidos, sé que tengo que cambiar algo». ¿Estás dispuesto a seguir su ejemplo?

MEDIDA N.º 3: IDENTIFICA TANTO LOS RITUALES DIARIOS QUE YA TIENES Y QUE SIRVEN A TUS INTENCIONES COMO LAS PARTES DE TU DÍA QUE NECESITAS CAMBIAR.

Haciendo inventario de tus rituales actuales y esforzándote por desarrollar otros nuevos, incluso el más pequeño cambio positivo en tu rutina diaria transformará las horas siguientes. Te sentirás más centrado, con más energía y más feliz que antes porque estarás invirtiendo en ti mismo lo suficiente como para ver el poder de todo lo que haces.

HÁBITO 4

Ve avanzando hacia el cambio

«Nunca cambiarás tu vida hasta que cambies algo que haces a diario».

JOHN C. MAXWELL

COMO VIMOS EN EL CAPÍTULO ANTERIOR, las pequeñas cosas importan, y eso también se aplica al cambio. El secreto de un cambio duradero no siempre se encuentra en las grandes cosas; no es necesariamente el producto de ajustes repentinos, importantes, que cambian la vida. El verdadero cambio suele ser el resultado de acciones y comportamientos cotidianos de pequeño calado y que se acumulan a lo largo del tiempo. Visto de otro modo, el cambio real es, en una dinámica de toma y daca, lo que recibes frente a lo que estás dispuesto a dar.

Al considerar los factores que afectan al cambio diario mientras escribía este libro, decidí preguntarles a algunos de mis agentes sobre sus propias experiencias positivas y negativas a la hora de adoptar nuevos hábitos y aplicar el cambio: «¿Has intentado alguna vez introducir un nuevo hábito en tu rutina? ¿Pudiste hacerlo a la primera?». He aquí algunas de sus respuestas:

«¡Sí, lo hago todo el tiempo! Hay que trabajar duro, yo mismo dedico varias semanas para conseguirlo; algunos hábitos se mantienen y otros no».

«Sí, nunca te rindas; ¡modifica el plan hasta que funcione!».

«Sí. Ahora mismo lo estoy haciendo. Antes tenía la costumbre de hacer ejercicio antes de desayunar, pero el año pasado rara vez lo hacía. La semana pasada no lo conseguí y, de momento, esta semana tampoco, pero estoy aún más decidida a ponerlo en marcha la semana que viene. Para ayudarme, he creado un minitablero con fotos de mujeres fuertes y de hábitos saludables que me inspiran en esto. Incluso he invertido en algo de ropa nueva para hacer ejercicio».

«Creo que algunos hábitos requieren empeño antes de que se mantengan. Para ser sincero, a veces he tenido éxito, y a veces supongo que me he dado por vencido, lo que me hace preguntarme si se habrían mantenido de haber perseverado en ello...».

La mayoría admitió tener dificultades con los nuevos hábitos y algunos me dijeron que habían abandonado tras unos pocos intentos fallidos. ¿Te suena? Todos somos humanos. Lo intentamos, fracasamos, volvemos a intentarlo... y los que al final consiguen implantar buenos hábitos, como las buenas ideas, son los que no cejan en su empeño.

Si no, que se lo pregunten a sir James Dyson, cuyo prototipo de la aspiradora Dyson falló la friolera de 5127 veces antes de conseguir que su innovador diseño funcionara y se convirtiera en una superventas. Eso sí que es sufrir. Pero, aunque el tiempo, la energía y el dinero que perdió durante ese periodo de *fracasos* pudieron haberle disuadido de seguir adelante, su actual patrimonio neto de 4500 millones de dólares es la prueba fehaciente de que mereció la pena seguir adelante.

Cuando tenía diecinueve años, empecé a adoptar malos hábitos que (literalmente) empezaron a agobiarme. Hacía poco que me había casado y me había mudado de la casa familiar a un nuevo hogar, a una nueva vida, con quien por entonces era mi marido. Pasé de la estructura y los controles claramente definidos de vivir con mis padres al territorio desconocido de mi nuevo papel de esposa, intentando cumplir todas las expectativas que eso conlleva. En algún momento empecé a intentar ser feliz dándome caprichos diarios en forma de comida. Al principio era un trozo de tarta o lo que fuera después de cenar, pero no pasó mucho tiempo hasta que dejé de lado la idea de controlar las cantidades y empecé a darme atracones tenedor en mano en cualquier momento del día, cuando se me antojaba. De lo salado a lo dulce, ¡vivía como un niño en una tienda de golosinas! Y entonces descubrí el autoservicio de McDonald's junto a la lavandería de cerca de casa. Juro que esos grandes arcos de color amarillo me llamaban. Los días de colada, ponía la lavadora y me iba a por un Big Mac mientras esperaba a que terminara el lavado. Un Big Mac se convirtió en dos. Dos se convirtieron de repente en dos combos con patatas fritas. Y, para ser sincera, pedía dos bebidas cada vez, ¡solo para que pareciera que pedía para dos personas! Ahora me río, pero por aquel entonces la necesidad de darme un capricho y la incapacidad de resistirme eran señales claras de que tenía antojo de algo que iba más allá de la mera comida basura.

Cuando estos caprichos diarios se convirtieron en hábitos —¡oh, sorpresa!—, empecé a ganar peso y, antes de que me diera cuenta, había engordado diez kilos. Para mi estatura y mi peso habitual, diez kilos era mucho. ¿Sabes que a veces la gente dice que no tiene nada que ponerse? Pues yo no tenía, literalmente, nada que ponerme. Nada me quedaba bien. Como estaba recién casada, la gente me preguntaba si estaba embarazada cuando notaron el cambio en mi aspecto. Me mortificaba cada vez que tenía que mirar a alguien a los ojos y decir, avergonzada: «No, no estoy embarazada». A medida que crecía mi inseguridad, empecé a aislarme, escondiéndome en casa y sintiéndome completamente ajena al mundo y a la persona que desde hacía poco encontraba irreconocible en el espejo.

En el lapso de un año, había caído en unos hábitos tan poco saludables que toda mi vida se veía afectada de un modo u otro.

Sabía que las cosas no podían seguir como estaban. Tenía que aceptar lo que me ocurría. La comida no era el problema; nunca antes había tenido una relación enfermiza con la comida. El problema parecía ser que comía y comía sin llegar a sentirme verdaderamente saciada. Cuando me pregunté qué estaba pasando realmente y qué era lo que quería, me di cuenta de que estaba intentando llenar un vacío en mi nueva vida al que aún no me había enfrentado. Mi antigua rutina había cambiado drásticamente desde la boda y no me había tomado el tiempo necesario para reestructurar mi nueva vida. Nunca había tenido que pensar en ello; la vida era como era. Pero, ahora, los parámetros de mi mundo y mis responsabilidades se habían ampliado y necesitaba ser más consciente de mi rutina y mis elecciones.

Se trataba de desarrollar la autoconciencia, día a día. Primero, tuve que aceptar que tenía un problema. Luego, debía averiguar por qué lo tenía. Y más tarde tenía que encontrar la manera de abandonar el mal hábito y cambiar. Para ello, me centré en organizarme, planificar y estructurar mi nueva vida. Debía encontrar la forma de llenar ese vacío con un propósito.

Hacer el cambio y recuperar el control sobre mis hábitos alimentarios (y mi nueva vida) no sucedió de la noche a la mañana. Me fijé objetivos realistas, como intentar perder un kilo, y luego otro, algo que me parecía una meta razonable. Me parecía alcanzable y lo conseguiría sustituyendo las opciones de alimentos poco saludables por otros saludables, en lugar de privarme o pasar hambre. Se trataba de recuperar la salud de la mente, el cuerpo y el alma. Seguir una dieta de moda o dedicar mis días al gimnasio no era para mí. Me encanta la comida y no pensaba renunciar a la buena, sino a la basura que no me hacía ningún bien. Sabía que lo que había estado ingiriendo no me había servido. Mi sistema se alteraba; mi piel reaccionaba; mi cuerpo me estaba dando todas las señales de que era capaz y, a partir de ese momento, iba a empezar a prestar atención.

Poco a poco fui recuperando el control de mis hábitos alimentarios y mi cuerpo me lo agradeció. Sentí cómo aumentaba mi autoestima y mis niveles de energía, y empecé a reconocerme de nuevo. Más allá de la pérdida de peso —y de la mejora de la salud—, esta experiencia de ir cambiando cada día me permitió ver que fijarme objetivos claros y alcanzables podía influir en mi vida a mayor escala. El cambio siempre era posible si estaba dispuesta a trabajar de forma constante.

Es fácil desarrollar patrones poco saludables en la vida, tender hacia los malos hábitos y agobiarnos por ello antes incluso de saber qué nos está pasando. No hay que avergonzarse de ello; todos somos humanos y nadie es perfecto. Lo que importa es que, cuando nos encontremos en esta situación, nos esforcemos por comprender qué la ha provocado y dilucidar qué tenemos que hacer para salir de ella. Tus errores no te definen; lo que haces una vez que los reconoces es lo que cuenta.

Por desgracia, con demasiada frecuencia, cuando pensamos que tenemos que hacer un cambio a mejor en nuestras vidas e introducir nuevos hábitos, solemos pensar que tenemos que arreglar algo que está *roto* en nosotros mismos. Pensamos que somos poco atractivos, así que decidimos perder peso. Esperamos mejorar nuestro estatus en nuestro grupo de amigos, así que compramos cosas que no podemos permitirnos. Asumimos más responsabilidades para demostrar a nuestras familias que realmente podemos *hacerlo todo*. Y así sucesivamente.

No hay nada malo en abordar los aspectos negativos de la vida para lograr un cambio positivo, pero no es necesario que toda la existencia se convierta en un relato negativo. No necesitas vivir en un espacio mental de culpa y vergüenza. Y esto es algo con lo que quiero que empieces tus días y que lleves contigo en el resto de este libro: no estás roto. No hay nada malo en ti por que no sigas exclusivamente un conjunto de buenos hábitos en este momento de tu vida.

Eres una persona capaz, fuerte y digna que va por el buen camino y que sabe que, si se empeña en cambiar las cosas, mejorarán aún más.

Aunque la superación personal puede implicar convertir las debilidades en fortalezas, no es ese el punto en el que debemos centrarnos. Nuestros esfuerzos diarios hacia el cambio y la superación personal deben provenir de un lugar que implique conciencia, comprensión y autoperdón si queremos trabajar continuamente para provocar cambios duraderos y significativos en nuestras vidas. Por eso es importante enfocar el cambio con una mentalidad dispuesta a afrontarlo. El otro componente de un cambio saludable y duradero es la curiosidad. El mero hecho de querer leer este libro y adquirir nuevos conocimientos es una prueba positiva de que estás exactamente donde tienes que estar, y yo estoy aquí contigo.

¿Estás listo para probarlo en tu rutina diaria?

> ### MEDIDA N.º 4: IDENTIFICA LOS PUNTOS DÉBILES DE TU RUTINA DIARIA E IDEA PEQUEÑAS MEDIDAS PARA SOLUCIONARLOS.

El cambio diario consiste en dar pequeños pasos hacia delante. Pasos pequeños, realistas y duraderos. Todo ello mientras afinas tu capacidad de comportamiento consciente y de autoconciencia. Y, créeme, son estos pequeños pasos, dados a lo largo del tiempo, los que supondrán cambios importantes y a largo plazo en tu vida.

¿Listo para dar el siguiente paso? Hagámoslo.

Vive con autenticidad

«La autenticidad es un conjunto de elecciones que tenemos que hacer cada día. Se trata de la elección de aparecer y ser real».

BRENÉ BROWN

«SER O NO SER...» ¡UNO MISMO! El concepto de autenticidad puede ser complicado, sobre todo cuando se trata de llevarlo a todos los ámbitos de la vida cotidiana. Por no hablar del bombardeo diario de imágenes —con múltiples filtros— de comida, ocio y fantasía en este nuevo mundo de las redes sociales. Con todo a lo que estamos expuestos y todas las expectativas sociales que sentimos que tenemos que cumplir, no es de extrañar que muchos de nosotros perdamos de vista quiénes somos realmente, al menos en un momento u otro. ¿Qué significa ser auténtico? ¿Hasta qué punto puedes ser transparente y real sin ser demasiado vulnerable? ¿Cómo incorporas la autenticidad a tus hábitos diarios?

Empecemos por retomar la idea de la intención, porque es la base de muchas cosas, incluida la autenticidad. Y seamos conscientes de ello: no estamos hablando solo de planes. ¿Cuándo fue la última vez que abordaste un problema preguntándote «¿Cuál era mi verdadera intención?»?

Por ejemplo, cuando te enfrentas a un conflicto con tu pareja en casa, ¿crees que tu intención es resolver el asunto concreto y seguir adelante? ¿O debería ser descubrir qué está pasando realmente bajo la apariencias de las cosas, escuchar y oír de verdad lo que dice la otra persona?

Del mismo modo, cuando estás en el trabajo y te enfrentas a una tarea que no sabes muy bien por dónde empezar, ¿sigues adelante con la intención de completarla sin más? ¿Qué descubrirías si tomaras la iniciativa y te hicieras algunas preguntas? Podrías descubrir una «verdadera intención», perfeccionar tus habilidades de gestión del tiempo y sentirte más cómodo pidiendo ayuda a los que te rodean.

Cuando afrontamos nuestros días sin estar atentos a nuestras verdaderas intenciones, nos involucramos en cada momento, en cada tarea y en cada reto sin un propósito real o un resultado en mente. Esto supone un desperdicio. ¿Por qué dedicar tanto tiempo y energía sin una indicación clara de lo que esperamos conseguir? ¿Qué sentido tiene?

El autor superventas y conferenciante motivacional Wayne Dyer dice que «nuestra intención crea nuestra realidad». Comprender tu verdadera intención te impulsa a vivir con autenticidad; van de la mano y no puedes tener una sin la otra. Y, juntas, crean confianza.

Imagínate la siguiente situación. Acabas de empezar en un nuevo trabajo y tu jefe te llama para ver cómo te va. La verdad es que te has sentido un poco fuera de lugar en tu puesto y, aunque sabías que tu jefe quería hablar contigo, no habías pensado con antelación cuál era tu intención para la reunión. Tampoco has dedicado ninguna energía a preguntarte qué es lo que esperabas obtener del empleo, así que no tienes una idea clara de por qué este nuevo trabajo no te parece el adecuado. Así que acudes a la reunión y respondes a las preguntas sobre la marcha, sintiéndote obligado a hablar positivamente de tu experiencia hasta el momento y, como no estás seguro de qué es lo que te hace infeliz, dudas si hablar o hacer preguntas.

El resultado: no solo has gastado tu tiempo y energía, sino también los de tu jefe, en una reunión exenta de toda autenticidad. Y ahora estás de vuelta en tu mesa, frustrado e infeliz, mientras pasa otro día. Si hubieras tenido en cuenta la autenticidad y la intención, habrías dedicado algo de tiempo a reflexionar antes de la reunión. Tal vez te habrías dado cuenta de que el problema subyacente del nuevo puesto está relacionado con el hecho de que tus tareas diarias no te suponen un reto ni te satisfacen, por ejemplo. Si te hubieras preguntado con antelación cuál era tu intención para la próxima reunión, quizá te habrías dado cuenta de que lo que realmente quieres es asumir algunas responsabilidades adicionales, lo que te supondría una oportunidad para demostrar de lo que eres capaz. Entonces, consciente del problema y armado con una estrategia, habrías acudido a la reunión y le habrías preguntado si había algún proyecto del que pudieras formar parte. Incluso podrías haber establecido con tu jefe algunos pasos que seguir. Habrías salido de la reunión sintiéndote bien, esperanzado y entusiasmado con los nuevos cambios y con la fuerza de tu propia iniciativa para hacerlos realidad.

¿Cuál de estas dos opciones te parece más atractiva? Probablemente tu respuesta sea: «La más auténtica».

Pero ¿cómo desarrollar el hábito de la autenticidad para que resulte natural a lo largo del día? En primer lugar, hazte regularmente tres preguntas clave: «¿Cuál es mi verdadera intención?», «¿Estoy siendo auténtico?» y «¿Son realistas mis expectativas?».

La tercera pregunta supone el siguiente paso lógico para asegurarte de que tu nuevo hábito funciona realmente. Por ejemplo, puede que tengas la intención de ascender a lo más alto de la jerarquía directiva de tu empresa en el plazo de un año porque crees de verdad que tienes grandes dotes de liderazgo. Pero, si acabas de graduarte en la universidad y solo puedes trabajar a tiempo parcial porque eres madre soltera, puede que tu plazo para conseguirlo no se ajuste a la realidad. O puede que, a nivel personal, tu intención sea pasar una hora al día con cada uno de tus hijos. Tu deseo es cien por cien auténtico. Pero no es realista —todavía no, al menos— debido a todo lo demás que en tu vida te demanda tiempo.

Los hábitos solo pueden ser eficaces si son alcanzables; si no lo son, nos exponemos a un fracaso tras otro, y no es ese nuestro objetivo. Además, solo funcionan cuando se ponen en práctica con regularidad, lo que significa que debemos tomarnos el tiempo necesario para comprobar a lo largo del día que estamos trabajando en ellos. Cuando lo hagamos, encontraremos un mayor nivel de compromiso, resultados más consistentes y una sensación general de mayor satisfacción con nuestra vida. Trabajaremos con autoconciencia, lo que nos permitirá estar realmente presentes y en sintonía con nuestro propósito en cada momento de nuestro día a día.

Cuando empecé como gerente, una de las nuevas tareas de las que era responsable consistía en organizar y dirigir reuniones de oficina. Como ocurre en muchos sectores relacionados con las ventas, el objetivo de este tipo de reuniones se reducía a los beneficios económicos. En mi experiencia anterior como representante de ventas, el formato era casi siempre el mismo. El enfoque y todo lo demás giraba siempre en torno a esto: ¿están produciendo los agentes? ¿Cómo podemos conseguir más ventas? ¿Cómo podemos conseguir que este equipo produzca más?

Tuve la ventaja de ocupar este puesto con una perspectiva que me decía que así no era como quería hacer las cosas. No era eso lo que yo quería ser como parte del personal directivo y, aunque tenía ante mí unas expectativas concretas, iba a hacer las cosas de otra manera. Creía que el éxito de un equipo tenía que basarse en algo más que en los números. Si quería mostrar realmente liderazgo y apoyar a este equipo, tenía que ofrecerles herramientas y recursos para educarlos e inspirarles. Sugerí que siguieran más cursos de desarrollo de habilidades y tuvieran más oportunidades de participar en eventos. Quería formar parte de un equipo fuerte y motivado, y empezaría por asegurarme de que realmente estábamos añadiendo valor a su experiencia en nuestra oficina.

En aquella época, las cosas no se hacían de esta manera. Y no ayudaba que el cambio viniera de una mujer que, además, estaba al mando. Digamos que me topé con el rechazo y el escepticismo que cabría esperar. Pero sabía que estaba siendo fiel a mí misma y confiaba en mi estrategia. Mis intenciones eran buenas, mi experiencia me guiaba y tenía una visión global en mente. Puede que al principio no fuera fácil, pero funcionó.

Nunca se trató de reinventar la rueda ni de tratar de demostrar que supiera más que nadie, pero comprendí que mi éxito en este puesto dependería de mi capacidad para confiar en mis instintos y asumir riesgos cuando fuera necesario.

Sigue el ejemplo de la célebre investigadora, profesora y autora de *bestsellers* Brené Brown, que advierte a quienes piensan que no merece la pena abordar cuestiones como la autenticidad, porque hay otros asuntos que parecen más urgentes, con la siguiente afirmación: «Estás tristemente equivocado».

La autenticidad es una parte fundamental de mis cimientos personales. Sin ella como base para todo lo que hago a lo largo del día, siento que mi vida no me pertenece y me pregunto para qué trabajo realmente. ¿Qué sentido tiene mi existencia si no hay un propósito detrás de lo que hago? Como tú, solo tengo una vida. Solo una. No quiero malgastarla en cumplir los ideales de otros, alcanzar los sueños de otros ni satisfacer las necesidades de los demás. Si lo hago, me quedaré sin energía y me sentiré totalmente insatisfecha con respecto a mis propias necesidades.

Pero ¿por qué es tan difícil conectar con nuestra propia autenticidad en estos tiempos en los que la expresión personal y la individualidad se valoran más que nunca? ¿Por qué muchos de nosotros seguimos desconectados de nuestro verdadero yo y de nuestro propósito?

Muchos expertos dirán que todo empieza en la infancia. Sí, es cierto. A veces, para averiguar por qué te sientes tan perdido en el presente, tienes que viajar al pasado, a todos esos recuerdos polvorientos, a la última vez que funcionaste por puro interés personal, sin preocuparte por nadie ni por nada de lo que te rodeaba. Entonces, cuando eras mucho más pequeño, tu conexión con el subconsciente era mucho mayor. Eso era antes de que la influencia adulta entrara en acción y te dirigiera hacia las normas y expectativas sociales. Antes de que esa hermosa y despreocupada sensación de ser uno mismo empezara a desvanecerse poco a poco.

A lo largo de los años, has desarrollado un sistema de comportamiento y recompensa que ha influido en tus decisiones y en lo que te atraía. En lugar de dejarte llevar por tus instintos, primero tenías en cuenta las opiniones externas y, a menudo, pensabas en lo que daría más alegría a las personas a las que admirabas y de las que buscabas validación, como familiares y figuras de autoridad. Con el tiempo, puede que incluso dejaras de tener en cuenta tus propios deseos y necesidades, a medida que la edad adulta llegaba y tu vida dejaba de girar en torno a ti.

Esa evolución hacia la consideración de las necesidades y deseos de los demás no es del todo mala. Te ayudó a convertirte en la persona que eres hoy y te enseñó a controlar tus impulsos, a ser responsable, a ser desinteresado y a sentir empatía: ¡cosas todas ellas buenas! Pero con lo bueno viene lo malo: durante ese tiempo de crecimiento personal desarrollaste el hábito de dejar de prestar atención a esa vocecita interior. Empezaste a dejar que las opiniones y necesidades de los demás intervinieran. Creciste y esa vocecita interior se apagó, como una bombilla que se atenúa, y quedó abandonada en algún lugar de tu subconsciente.

Recuerdo que, en mis primeros años de escuela, a menudo tenía la sensación de que me comparaban constantemente con mi hermano mayor. Mi confianza interior —la niña curiosa y valiente que llevaba dentro— empezaba a verse ahogada por influencias y opiniones procedentes de todas partes: la escuela, la iglesia y los prejuicios de género de la sociedad. Al interiorizar estas comparaciones, empecé a sentir que no era lo bastante buena. Empezó a dominar la percepción externa sobre mis capacidades y permití que se levantaran muros a mi alrededor, separándome de lo que la sociedad decía que no era capaz de hacer. Recuerdo al orientador de la escuela, de entre todas las personas, desalentando mis planes de continuar los estudios y tratando en su lugar de dirigirme hacia un camino más *doméstico*, para el que ellos pensaban que yo estaba mejor preparada como mujer joven. Era como si el mundo quisiera que me quedara *en mi sitio*, que me callara y siguiera al rebaño. Todo a mi alrededor parecía fomentar la idea de «seguir la corriente para llevarse bien».

Tuve que madurar mucho para comprender que esas barreras que me habían puesto otras personas, las que me habían hecho sentir tan infeliz, no tenían ningún poder real a menos que yo se lo permitiera.

Y lo confieso ahora: ser fiel a ti mismo va a cabrear a algunas personas por el camino. No todo el mundo está dispuesto a aceptar tu autenticidad, por lo que puede que acabes molestando a algunos. En mi papel de jefa, tengo que navegar conscientemente para ser capaz de mantenerme fiel a mí misma y, al mismo tiempo, actuar en el mejor interés de las personas que confían en mí y en mi negocio. Incluso como madre, he aprendido que, aunque quiero lo mejor para mis hijos (y ahora, cuando ellos ya son padres, también para mis nietos), solo puedo predicar con el ejemplo y esperar que su propio sentido de la autenticidad los guíe por el camino adecuado para ellos. Y que siempre sientan mi apoyo y mi aliento en el camino, porque, por experiencia, puedo decirles que no es fácil ir a contracorriente.

Como puedes imaginar, como procedía de una familia de origen italiano tradicional, divorciarme me convirtió en una oveja negra, sobre todo siendo madre de tres niños pequeños. Y, aunque entonces sabía que había tomado mis decisiones con la mejor intención, eso no hizo que el proceso fuera más fácil. Pero mi instinto era firme y mantuve el rumbo. Mantuve la cabeza alta lo mejor que pude e intenté gestionar ese periodo de mi vida con habilidad, paciencia y comprensión incluso durante los episodios más crueles que tuve que vivir. ¿Fue fácil? Por supuesto que no. Pero fue la decisión correcta.

Sé fiel a ti mismo: puede que decepciones a algunas personas por el camino, pero no se trata de su vida. Si eres auténtico, merece la pena.

Si no estás siendo fiel a ti mismo, lo vas a sentir. En el fondo, lo sabrás. Y, si estás en un momento de tu vida en el que no te sientes bien —ya sea en el ámbito personal, laboral o el que sea—, date permiso para hacer algunos cambios. Tu felicidad importa y, si vives en la infelicidad por el bien de los demás, no le haces ningún favor a nadie. Nunca se está «demasiado atascado» para hacer un cambio. Por el amor de Dios, no eres un árbol: si eres realmente infeliz, ¡reacciona!

Me acuerdo de la parábola del elefante y la cuerda. Según cuenta la historia, un hombre pasaba un día junto a un grupo de elefantes y se extrañó al ver que estaban sujetos por un pequeño trozo de cuerda atado a las patas delanteras. No había fuertes cadenas ni jaulas con barrotes para contener a estos grandes y poderosos animales. El hombre le preguntó al adiestrador por qué los elefantes no intentaban liberarse y este le explicó que, cuando eran muy jóvenes y mucho, mucho más pequeños, ese mismo trozo de cuerda había sido lo bastante fuerte para mantenerlos cautivos. A medida que crecían, nunca se atrevían a intentar escapar porque, en sus mentes, la cuerda siempre sería suficiente para mantenerlos en su sitio.

Las limitaciones que nos imponemos tienen tanto poder como nosotros les damos. Y el hecho de que algo nos haya frenado una vez no significa que vaya a tener esa influencia sobre nosotros para siempre, a menos que se lo permitamos. Reconociendo quiénes somos y sabiendo que somos capaces de cualquier cosa que nos propongamos, podemos vivir nuestra vida al máximo. Al fin y al cabo, nadie nos conoce mejor que nosotros mismos. Y, del mismo modo que tenemos que asegurarnos de que nuestras intenciones son realistas, también tenemos que comprobar con nosotros mismos que las limitaciones que percibimos reflejan la realidad a medida que incorporamos la autenticidad a nuestros hábitos diarios. Para ello, necesitamos practicar la autoconciencia.

También me viene a la mente una charla TED protagonizada por Tasha Eurich, autora, psicóloga e investigadora superventas del *New York Times*. La charla, que dura poco más de diecisiete minutos y la han visto más de dos millones de personas (cifra que sigue creciendo), puede resumirse en unas pocas palabras:

Pregúntate *qué* en lugar de *por qué*.

En su afán por comprender mejor la autoconciencia, Eurich y su equipo desarrollaron un estudio diseñado para separar a las personas verdaderamente autoconscientes de las que simplemente creían serlo, así como para identificar lo que marcaba la diferencia entre los dos grupos de personas. Al final, todo se reducía a cambiar una pregunta por otra. La mayoría de las personas se preguntan *por qué* y, cuando lo hacen, tienden a la negatividad, con un toque de finalidad y temor en un tipo de preguntas que, a fin de cuentas, podrían evitar. «¿Por qué yo?», «¿Por qué siempre actúo así?», «¿Por qué no me quiere?», «¿Por qué no conseguí ese ascenso?», «¿Por qué me ha mentido?», «¿Por qué no encajo?». Al preguntarnos *por qué*, buscamos respuestas que quizá no sean accesibles y nos sentimos derrotados, frustrados y, a veces, con altas dosis de creatividad con las respuestas alternativas que inventamos cuando las que creemos tener no nos satisfacen. A veces esto implica darnos a nosotros mismos las respuestas que nos evitan tener que rendir cuentas. No nos gustan las respuestas que nos dan, así que nos echamos la culpa y nos regodeamos en la victimización. Sea como sea, todo se reduce a lo siguiente: si no te haces las preguntas adecuadas, nunca obtendrás respuestas que te sirvan.

En cambio, preguntarnos *qué* nos permite cambiar la narrativa. «¿Qué podría haber hecho de otra manera para demostrar lo mucho que deseaba ese ascenso?», «¿Qué medidas puedo tomar para destacar en la próxima oportunidad?». Al hacernos este tipo de preguntas, nos abrimos a respuestas constructivas y viables, y nos hacemos responsables de ellas.

Uno de los primeros momentos en los que me enfrenté al *por qué* y al *qué* fue cuando tenía doce años y empecé a sufrir acné prepuberal de golpe y porrazo. De repente, mi tez suave como la de un bebé se vio invadida por manchas rojas y bultos dolorosos. Como preadolescente procedente de una familia de inmigrantes —ya me veía a mí misma a menudo como una intrusa—, me sentí desolada. Era un problema añadido que no necesitaba. Típico de la edad que tenía por aquel entonces, pasé mucho tiempo preguntándome: «¿Por qué yo?». Hasta que al final me di cuenta de que, por mucho que me quejara y cuestionara, no conseguiría nada.

Tenía que averiguar *qué* podía hacer para solucionar el problema. Decidida a encontrar una solución, busqué en la guía telefónica un dermatólogo local y me subí a un autobús para ir a la consulta. Me recomendaron un tratamiento con luz y me recetaron tetraciclina. Fenomenal, pero entonces me surgió la siguiente pregunta: «¿*Qué* iba a hacer si esos tratamientos costaban dinero y yo no tenía?». La respuesta pasaba por conseguir un trabajo, así que empecé a trabajar a tiempo parcial en un bar de la zona. Me pagaban la friolera de noventa y cinco centavos la hora y aceptaba todos los turnos que me ofrecían, siempre dispuesta a sustituir a alguien. Al final, conseguí el dinero que necesitaba.

Mi intención había sido deshacerme del acné. Mi yo auténtico dio un paso al frente y se enfrentó al problema en lugar de escuchar a los que decían que el acné no era malo o que simplemente formaba parte del crecimiento. Mis expectativas de recuperar un cutis sin imperfecciones eran realistas, o al menos mi yo joven lo veía posible. Y preguntarme *qué* en lugar de *por qué* me orientó hacia la solución del problema. Esta experiencia me inculcó el deseo de ser autosuficiente y me enseñó a valorar mis propias necesidades y sentimientos. A una edad tan temprana, habría sido fácil considerar el problema como una consecuencia de la vanidad y sufrirlo. Pero era infeliz y sentí que merecía la pena afrontarlo. Ningún problema es demasiado grande o pequeño para dedicarle energía si implica ser fiel a uno mismo. Y cada vez que pienso en esa versión más joven de mí misma, frustrada y decidida a encontrar una solución, sonrío y me siento muy orgullosa de la niña testaruda que no se dejó vencer por unos cuantos obstáculos.

La mayoría de nosotros podemos recordar nuestra juventud y encontrar al menos una situación en la que nos mantuvimos firmes o un momento en el que perdimos la oportunidad de ser fieles a nosotros mismos y que desearíamos poder repetir. Sea cual sea el momento del pasado que te venga a la mente, tanto si fue un pequeño triunfo como si sientes una punzada de arrepentimiento, aférrate a ese sentimiento y utilízalo como revulsivo diario de autenticidad. Tanto si el recuerdo te da un impulso adicional de ánimo como si te sirve para recordar lo lejos que has llegado y que mereces ser auténtico, utilízalo para reforzar este hábito diario.

Hasta ahora, hemos abordado algunos de los obstáculos internos que nos pueden dificultar el camino a la autenticidad, pero un obstáculo externo suele ser la realidad de la sociedad actual. Piénsalo: en el mundo de hoy en día, desde los anuncios hasta las redes sociales, nos bombardean con ideales completamente irreales.

Desde representaciones físicas hasta estándares emocionales imposibles de alcanzar, no faltan contenidos diseñados para hacernos replantearnos quiénes somos realmente. Al nublar la percepción que tenemos de nosotros mismos, nos fijamos en brillantes representaciones de la supuesta perfección con estilos de vida aparentemente glamurosos y, cuando miramos hacia dentro, a nuestras propias vidas, nos sentimos desinflados y rezagados. Todo el mundo parece estar viviendo la vida, a kilómetros de distancia, haciendo cosas que los hacen felices y con un aspecto estupendo. Empezamos a dudar de nuestro propio ritmo y dirección. Esto nos lleva a sentirnos desviados de nuestros valores fundamentales y de todas las cosas que realmente aportan propósito y significado a nuestra vida. Y sabotea nuestros esfuerzos por vivir fieles a nosotros mismos.

Adoptar la autenticidad exige que aprendamos a silenciar el ruido que nos rodea el tiempo suficiente para mirar hacia dentro y escuchar esa vocecita apagada que llevamos en el interior. Tenemos que ver todas esas imágenes e ideales pasados por filtros, las molestas dudas sobre nosotros mismos y las opiniones externas como tambores irritantes que suenan con fuerza alrededor de nuestro subconsciente, y luego silenciar todo eso el tiempo suficiente para conseguir oír nuestra voz interior.

> «Te hace poderoso permitir que te conozcan y te escuchen, ser dueño de tu historia única, usar tu voz auténtica. Y te hace honorable estar dispuesto a conocer y escuchar a los demás».
>
> MICHELLE OBAMA

Los beneficios de la autenticidad cambian la vida y se extienden por todas partes.

Cuando eres auténtico, eres más capaz de comunicarte, ganar confianza, tomar decisiones y aceptar los retos que se te presentan. Tu elevado sentido del yo te permitirá resolver conflictos internos con mayor facilidad, satisfaciendo tu instinto y tu mente. Y estarás en paz al darte cuenta de que no puedes hacerlo absolutamente todo. Por mucho que lo intentes y por muy buenas que sean tus intenciones, nadie puede hacerlo todo. Incluso en mi mejor día, cuando alcanzo los objetivos que me he fijado y estoy en mi mejor momento, sigo siendo solo un componente del gran engranaje que mantiene en movimiento mi negocio y mi familia.

Una advertencia importante: ser auténtico no significa que no tengas que mantener límites y priorizar tu espacio personal y tu bienestar. Tampoco significa que tengas que pasarte el día siendo brutalmente sincero en aras de la verdad o enseñando tus cartas a cualquiera que te pregunte. Pero sí significa ser consciente de la transparencia. Aunque, en otros tiempos, la transparencia en los negocios podía considerarse una debilidad o un signo de vulnerabilidad, los líderes del sector saben hoy que no es así. En 2013, un estudio para el Edelman Trust Barometer, un importante indicador del nivel de confianza en los negocios, desveló algunos datos preocupantes. El estudio indicaba que el 82 % de los profesionales no confiaban en que sus líderes empresariales fueran honestos con ellos. Afortunadamente, la transparencia y la generación de confianza en el lugar de trabajo están en alza, lo que respalda los esfuerzos de todos por ser auténticos. Me tomo muy en serio la transparencia en el lugar de trabajo y quiero que todo el mundo sepa que soy auténtica en todas mis relaciones y transacciones comerciales. En sentido literal. Cuando alguien entra en nuestro edificio principal, se da cuenta de que mi despacho no está escondido en la última planta, sino justo enfrente del mostrador de administración. Estoy presente y a la vista de todos. Es la transparencia llevada al extremo, con nuestra oficina de concepto abierto, que diseñé con puertas de cristal de suelo a techo. Es mi pecera personal ¡y no me gustaría que fuera de otra manera!

Otro beneficio sorprendente y asombroso que he descubierto sobre la autenticidad es que resulta contagiosa. Cuando vives con autenticidad, atraes a tu órbita a personas que piensan como tú. Cuando la gente mira a través de las paredes de cristal de mi oficina y ve lo que estoy haciendo, y cómo estoy siendo fiel a mí misma, a menudo hacen lo mismo. Y, cuando se trata de un entorno profesional, tener un ambiente de autenticidad es más ventajoso de lo que puedas imaginar. Ser fiel a mí misma me ha dado una reputación de transparencia y honestidad, y esto es un gran valor añadido cuando las personas confían en ti para que las guíes y las dirijas. La gente sabe que puede confiar en mí, como líder, para recibir comentarios sinceros. Y, al predicar con el ejemplo, estoy reforzando el tipo de valores y confianza en uno mismo que quiero que mi gente adopte en el lugar de trabajo.

Tengo la costumbre de controlarme a lo largo del día y, cada vez que me siento abrumada, me detengo y evalúo. «¿Estoy siendo auténtica en este momento? ¿O estoy enmascarando lo que realmente siento por lo que ocurre a mi alrededor? ¿Cuál es mi intención a partir de ahora?».

Pero no te limites a hacerte estas preguntas. Escucha las respuestas. Yo escucho mis instintos y me dejo guiar por ellos. Cada decisión que tomo debe parecerme acertada. El proceso de toma de decisiones nunca debe ser tan apresurado como para que te impida hacer una pequeña pausa y valorar lo que sientes. Y, si te presionan para que respondas, sin tiempo para comprobarlo contigo mismo, debes prestar atención a eso como una señal de alarma y preguntarte por qué. Así es como lo hago yo, cada día, con cada nueva decisión u oportunidad que se me presenta: hablo conmigo misma y escucho lo que me dice mi instinto. Confía en ti lo suficiente como para ser fiel a ti mismo.

Hagamos de esto otro nuevo hábito, empezando con un nuevo primer paso para mañana.

> **MEDIDA N.º 5: TOMA NOTA DE TUS ACCIONES Y DECISIONES A LO LARGO DEL DÍA, Y EVALÚA SI REFLEJAN TUS AUTÉNTICAS INTENCIONES, CREENCIAS, VALORES Y PERSONALIDAD.**

Estoy segura de que, cuando lo pongas en práctica, tu día fluirá mejor. La gente que te rodea trabajará mejor. Y te encontrarás un día más cerca de alcanzar tus objetivos finales. No desperdicies otras 24 horas por no ser fiel a ti mismo. Créeme: no hay mejor sensación que saber quién eres y empezar el día en ese punto.

HÁBITO 6

Divide y vencerás

«Los obstáculos no tienen por qué detenerte. Si te topas con un muro, no te des la vuelta y te rindas. Averigua cómo escalarlo, atravesarlo o sortearlo».

MICHAEL JORDAN

HACE UNOS VERANOS, durante un fin de semana familiar en el norte de Ontario, salí a pasear con mi perro por la playa. Mi hija decidió acompañarme con su perro. Tenéis que saber que para mí pasar tiempo en la cabaña familiar es sagrado. Esos fines de semana de verano me permiten conectar con mis hijos y nietos y disfrutar de la tranquilidad y la belleza de la naturaleza que nos rodea. Se ha convertido en nuestro punto de encuentro familiar. Y, debido a esta necesidad de desconexión, de *estar presente* y ser más consciente del momento (sin interrupciones innecesarias), mi hija y yo decidimos dejar nuestros teléfonos en la cabaña. Salimos de paseo pertrechadas con nuestras botellas de agua y nuestros enérgicos cachorros a nuestro lado.

Nos pusimos en marcha. La arena estaba blanda y húmeda bajo nuestros pies descalzos, mientras el agua subía y retrocedía por la orilla. Era media mañana y la mayoría de nuestros vecinos habían salido a navegar temprano o estaban en sus casas preparándose para el día. Llevábamos un rato caminando, a cierta distancia de nuestras cabañas, cuando el perro de mi hija saltó de repente, emocionado, y empezó a correr por la playa. Pasó entre nosotras, perdí el equilibrio, me vi obligada a girar y aterricé torpemente de lado. Sentí una fuerte presión en la cadera al caer y luego un dolor insoportable que me atravesó el costado. No podía mantenerme en pie. Me desmayé. Presa del pánico, mi hija supo inmediatamente que necesitábamos ayuda.

¡Vaya momento para no tener el teléfono a mano! Michelle comenzó a buscar ayuda por la playa. Después de varios intentos, por fin encontró a alguien con un teléfono. Era un modelo antiguo, de los plegables, pero funcionaba. Se apresuró a llamar a su marido, que estaba en la cabaña, mientras yo me preguntaba si mi yerno respondería al ver un número desconocido. Afortunadamente, respondió a la llamada y se dirigió rápidamente hacia donde estábamos. A esas alturas, ya no estaba segura de cuánto tiempo más podría soportar el dolor antes de volver a desmayarme. Me ayudaron a regresar a la cabaña y me acomodé para descansar, con la esperanza de que solo hubiera sido un tirón muscular o un mero golpe.

Al día siguiente me hicieron una radiografía y descubrí que la caída me había provocado una fractura de cadera. En el mejor de los casos, mi movilidad se veía considerablemente limitada durante unas semanas. Para tener alguna posibilidad de que la lesión se curase por sí sola, tendría que ser extremadamente prudente y paciente en mi recuperación.

Así que allí estaba yo unos días después, de vuelta en casa, descansando en mi habitación y sintiéndome como un mueble. Soy una persona activa. Si no estoy durmiendo, casi siempre estoy en movimiento; la idea de quedarme inmóvil, sin hacer nada, aunque solo fuera por un rato, me resultaba desalentadora. Sabía que tenía que tomarme en serio la recuperación, no solo por el bien de una curación rápida y óptima. Lo último que quería era forzar la situación y hacerme más daño, así que tenía que ir paso a paso. ¿Mi primer reto? Ir de la cama al baño sin ayuda. Todavía no podía apoyar el peso sobre el lado afectado y aún estaba lejos de curarme lo suficiente como para depender del bastón que, según me dijeron, sería mi nuevo mejor amigo cuando empezara a recuperar la movilidad en las semanas siguientes. Necesitaba encontrar la manera de apoyarme en condiciones y, al mismo tiempo, que me permitiera ir al baño de manera autónoma. Se me ocurrió una idea. Pedí refuerzos. Y sillas. Muchas sillas.

Desde mi cama hasta el baño tenía ocho sillas alineadas. La habitación parecía una pequeña sala de conferencias vacía, pero no me importaba. Cuando mi padre vino de visita y vio la escena, tuve que asegurarle que no, que no me había vuelto loca. El tren-silla era mi billete hacia un poco de independencia, ¡para ir al baño yo sola! Practiqué hasta que conseguí dominar el sistema y, de arrastrar los pies sentada en cada silla desde la cama hasta el cuarto de baño, pasé pronto a desplazarme (con precaución) del punto A al punto B agarrándome al respaldo de cada silla y llevando el peso de una a otra. En los días siguientes, establecí un sistema para dominar también las escaleras. Obviamente, a esas alturas, bajarlas a pie no era una opción, así que extendí el tren de sillas hasta el pasillo y, desde allí, siguiendo el ejemplo de los bebés, me deslicé de escalón en escalón, agradeciendo a cada paso la moqueta que tenía debajo y la sólida barandilla a mi alcance.

Permitidme añadir que no soy en absoluto una experta en fisioterapia, ni creía que tuviera el plan de recuperación perfecto. Pero sí sabía que no iba a quedarme de brazos cruzados ni, peor aún, depender constantemente de otra persona para cada pequeña acción. Así que, de la misma forma que me planteaba cualquier otro problema y le encontraba una solución, tracé mi camino del punto A al punto B lo mejor que pude. La única diferencia es que esta vez, al menos para empezar, lo tracé con sillas.

Al principio me dijeron que tardaría unos meses en recuperarme. Y, aunque me mostraba cautelosa ante cada signo de mejoría, también estaba ansiosa por volver a mis rutinas. Dosificando cada nuevo obstáculo y reto en pequeños pasos físicos día a día, pude deshacerme de las sillas y del bastón temporal, e incluso pude volver a la cinta de correr, todo ello en seis semanas. No era una carrera, pero escuchaba a mi cuerpo y me mantuve centrada en el objetivo final, que era llegar a una recuperación física completa.

Y aprendí otra lección: ¡asegúrate de que al menos una persona lleva un teléfono encima durante los paseos por la playa! Ya sabes, por si ese simpático vecino con el teléfono plegable no está cerca la próxima vez que los perros decidan correr cerca de ti.

Superar problemas a veces significa tener que apostar por ti mismo y creer lo suficiente en tu visión como para confiar en el proceso a cada paso. Y a veces eso implica empezar de cero, literalmente.

Permitidme que os cuente otra historia, esta sobre el origen del edificio de oficinas principal donde trabajo, en la calle Yonge. Mi idea era construir algún día una nueva oficina en un terreno cercano al lugar donde trabajaba antes y, puesto que en un momento dado se acercaba renovar el contrato de arrendamiento, sabía que no había mejor momento que ese, sobre todo teniendo en cuenta que el edificio de oficinas donde trabajaba no se adaptaba a nuestras necesidades. Trataba de organizar el reducido espacio que teníamos para que funcionara, pero eso no era una opción para el crecimiento futuro. También sabía que el precio del alquiler seguiría subiendo con el tiempo.

Sabía que, si tenía un edificio propio, dispondría de más espacio para mis necesidades empresariales. Y tendría el control sobre ese espacio. Sabía que ese solar cercano era el futuro de mi negocio. Sabía que había llegado el momento de actuar. Pero eso no significaba que fuera a ser fácil.

Cuando el propietario se dispuso a vender el terreno, pude negociar con él mismo un préstamo inicial, por el valor de parte de la propiedad, que tendría que satisfacer al cabo de tres años. Como el terreno estaba listo para ser edificado, la obtención de la recalificación necesaria me permitiría obtener, a su vez, financiación del banco, que luego podría utilizar para pagarle al propietario el préstamo inicial. Obviamente, conseguir las aprobaciones necesarias en el plazo previsto me hacía sentir presión. Estaba nerviosa, claro, pero confiaba en que todo saldría bien y tres años me parecían un tiempo más que suficiente para tramitarlo todo. Pensaba que, como el terreno estaba situado en una calle comercial y rodeado de empresas y edificios de uso comercial, mi proyecto recibiría luz verde. El proceso estaba en marcha y sentí que avanzaba hacia mi objetivo final.

Y entonces me topé con un gran obstáculo, algo que nunca hubiera podido prever: la oposición de los vecinos y los representantes locales. Me veían como una gran empresaria malvada que iba a arrasar las zonas verdes y convertir el área en una jungla de cemento. Y no era, para nada, el caso. Ese tramo de la calle Yonge ya estaba en pleno desarrollo y crecimiento; ya se habían construido plazas, edificado gasolineras y otros negocios comerciales, todos ellos a una escala mucho mayor que el edificio para el que yo intentaba obtener la aprobación. Mi intención era seguir contribuyendo al crecimiento del barrio, no quitarle terreno. Pero, cuando los tres años amenazaban con llegar a su fin, la aprobación de la zonificación no llegaba. Y ya sabes lo que dicen: «Las desgracias nunca vienen solas».

El vendedor quería cobrar a los tres años, cuyo término se acercaba. Al mismo tiempo, el contrato de alquiler de mi actual edificio de oficinas expiraba y el propietario me lo había dejado claro: si no renovaba por otros cinco años me tenía que mudar.

A esas alturas, había invertido cientos de miles de dólares en proyectos y estudios del terreno, abogados y demás. Seguía creyendo en las opciones que me ofrecía el solar y en el futuro de mi negocio, y también creía que cada céntimo invertido había merecido la pena. Pero ahora los muros parecían derrumbarse a mi alrededor y el vendedor y el propietario del edifico de oficinas me daban ultimátums. Sin duda, sentía una buena dosis de presión.

Corría el riesgo de perder el terreno y mi negocio de un plumazo. Ya no podía permitirme el lujo de más tiempo. Tenía que actuar con rapidez. Así que ideé un plan de acción y lo dividí en pasos que podía dar de uno en uno.

Mi primer paso fue llegar a un acuerdo con el vendedor del terreno. Le hablé con franqueza de los obstáculos y problemas que encontraba en el proceso y le pedí una prórroga... bueno, más bien se la supliqué. Necesitaba un año más y, a cambio de la prórroga, le ofrecí el pago de un depósito adicional para que él obtuviera algún beneficio. Y funcionó. No fue una solución barata ni ideal para mí, pero me consiguió el tiempo extra que necesitaba desesperadamente.

El siguiente paso era renovar el contrato con el propietario del edificio donde estaba mi negocio. No podía quedarme sin oficinas, así que no había alternativa. Sí, eso significaba comprometerme por otros cinco años, pero pensé que podría subarrendarlo cuando estuviera lista para mudarme al nuevo edificio. Al fin y al cabo, era la única forma de mantener mi negocio actual en pie y sin interrupciones.

El tercer paso fue luchar por la aprobación de la zonificación. Trabajé a destajo para conseguirlo, me reuní con los urbanistas y di garantías a los opositores siempre que pude. Terminé los planos del edificio y las excavadoras se pusieron en marcha cuando todo empezó a encajar.

Cuando el nuevo edificio ya estaba en pie y ocupado, todo el proyecto se alargó bastante más de lo que había previsto. Pero mi sueño se hizo realidad. Como se suele decir: «Quien la sigue la consigue».

El proceso, de principio a fin, fue de todo menos fácil. ¿A veces me sentía sobrepasada? Claro que sí. ¿Era perfecto mi plan? No. Llevó mucho tiempo, fue estresante y más costoso de lo que podía imaginar. Pero entonces creía, como creo ahora, que a veces hay que arriesgarse por uno mismo y sus sueños. Era una inversión en mi futuro: mi negocio, mi medio de vida y el bienestar económico de mi familia. Valió la pena cada esfuerzo y céntimo invertidos y cada paso dado.

Mi objetivo final, según el plan que tenía, era no estar pagando un alquiler para siempre y, en su lugar, redirigir esos fondos hacia la propiedad, pagando mi propia hipoteca en lugar de la de otra persona.

¿Cuáles son las «grandes cosas» de tu vida en este momento? Desde grandes objetivos vitales hasta proyectos de trabajo o personales, la lista de cosas importantes que ocupan espacio en tu mente se multiplica constantemente y, como es lógico, puede llegar a abrumarte hasta el punto de alterar tu vida cotidiana. Puede que descubras que necesitas empezar a dividir estos proyectos en partes más pequeñas para poder gestionarlos. ¿Recuerdas que antes hablábamos de la importancia de los detalles? A veces son la única forma de mantener el rumbo y no perder de vista el panorama general.

¿Alguna vez das vueltas en la cama por la noche, obsesionado con cada tarea y problema sin resolver? ¿Te preocupan los plazos y las presiones externas? ¿Te entra el pánico por no saber cómo va a terminar todo?

Todas las tareas pendientes pueden convertirse rápidamente en una montaña de problemas, con una cima desesperadamente inalcanzable desde ese lugar, muy por debajo, donde nos encontramos. La buena noticia es que hay un denominador común para abordar cualquier gran problema, y desde el que podemos encarar todas y cada una de las abrumadoras tareas de nuestra lista: la estrategia de dividirlas.

A menudo, la idea de abordar algo fuera de nuestra zona de confort puede desanimarnos desde el principio. Respondemos postergando la tarea y dejándola para el último momento o permitiendo que nos consuma hasta el punto de entrar en pánico. Ninguno de estos enfoques es productivo ni saludable. La profesora, conferenciante y doctora experta en productividad laboral Melissa Gratias afirma que dividir las tareas hace que nuestro objetivo sea más accesible y factible. También «reduce nuestra propensión a aplazar tareas». Genera la confianza suficiente para ponerse manos a la obra.

Atento a esto que te digo: no hay nada en este mundo por lo que no puedas empezar a actuar. Comienza por tomar cualquier «gran cosa» que te tenga preocupado y visualízala delante de ti. Toma un poco de distancia y observa la imagen completa, haciéndote preguntas mientras tanto: «¿Cuáles son los componentes principales? ¿Hay otra forma de enfocarlo?». Al diseccionar la tarea en tu mente y retroceder desde el objetivo final para crear pasos, pieza a pieza, que te harán avanzar, eres capaz de dejar a un lado todos esos pensamientos aterradores de «¿Cómo voy a hacer todo esto?».

Y entonces podrás ponerte en marcha con tu primer paso del plan. En lugar de perder el sueño y la tranquilidad, pon tu energía y esfuerzo en ese ejercicio de visualización y en el proceso de dividirlo en pequeños pasos procesables para llegar del punto A al punto B. Te sorprenderá lo rápido que vas del paso uno al paso dos y la naturalidad con la que lo haces.

Puede que tengas la tentación de saltarte esta fase de planificación, pero te lo agradecerás más adelante si inviertes tiempo en este proceso. Te explico por qué. La vida puede depararte muchas sorpresas. En un momento dado, nuestra mente está repleta de pensamientos sobre la familia, el trabajo y todo lo demás. Un artículo del prestigioso psicólogo Nelson Cowan, que hace referencia a varios estudios sobre el recuerdo y el almacenamiento de la memoria, reveló que nuestra memoria de trabajo —la parte de nuestro cerebro donde se guarda lo necesario para las tareas cotidianas, temporales y las que surgen sobre la marcha— solo es capaz de almacenar con éxito de tres a cinco elementos a la vez. Si tenemos en cuenta lo mucho que dependemos de esta memoria de trabajo cada día al pasar de una tarea a otra, no es difícil entender cómo un proyecto o reto a gran escala puede apoderarse de nosotros y causar estragos en nuestra unidad de almacenamiento mental. Abordar los problemas paso a paso funciona porque trabajamos mejor cuando podemos concentrarnos en una cosa cada vez. Esto no significa que tengamos que apartar todo lo demás de nuestra mente por completo —sería imposible—, porque estamos continuamente realizando una mezcla mental de tareas, yendo de un pensamiento a otro y tratando de abordar y dirigir una cadena de montaje interminable de responsabilidades lo mejor que podemos. El problema es que, cuando intentamos hacer malabarismos con las cosas que nuestra mente ha clasificado como importantes, casi al instante sentimos que nuestro sistema se bloquea y nos cuesta tomar distancia con la tarea o el problema.

A mí siempre me ha funcionado dividir un problema en pasos manejables, incluso en las luchas cotidianas más comunes. Cuando mis hijos eran adolescentes, una madre soltera no tenía tiempo libre para nada. Y siempre me había gustado —y había necesitado— el ejercicio. Me llenaba de energía y me aliviaba el estrés. Pero, en medio de todos los grandes cambios en ese periodo de mi vida, con la familia y el trabajo, encontrar el tiempo, el espacio y los fondos para inscribirme en un gimnasio me era imposible. No podía tan solo afrontar la mera logística del desplazamiento al gimnasio en mi ajetreado día. No podía. Así que, si quería retomar hábitos activos y saludables como el ejercicio diario, ¿qué opciones tenía?

«Bueno —pensé—, si no puedo ir a un gimnasio, traeré el gimnasio a mí. Así que, ¡primer paso!». Necesitaría una cinta de correr, una sola máquina bastaría. El sótano donde vivíamos en ese momento funcionaría como un gimnasio improvisado en casa: solo necesitaba un lugar vacío para instalar la máquina y una cinta de correr por sí sola no ocuparía mucho espacio. Desde el punto de vista económico, teniendo en cuenta el coste de la gasolina, el abono al gimnasio y el servicio de canguro si tenía previsto salir de casa sin los niños, el precio de la máquina merecía la pena y tenía sentido desde todos los puntos de vista. Y, lo que es más importante, podía hacer ejercicio en mi tiempo libre, sin alterar otros aspectos de mi vida.

En aquella situación, había sido capaz de identificar una necesidad que era importante para mí y, al descartar la opción del gimnasio tradicional, que no funcionaría, pude trazar los pasos hacia una opción que sí lo hiciera. Despejé el espacio que necesitaba para la máquina en el sótano. Fui ahorrando un poco de dinero durante un tiempo para poder permitirme la cinta de correr que quería. Y, cuando por fin tuve mi pequeño gimnasio en casa, me hice un hueco cada mañana que encajaba con la rutina diaria de mi familia y que me permitía moverme un poco cada día.

¿El resultado? Esos pequeños pasos que di para crear un hábito diario positivo en mi vida me ayudaron a mejorar mi bienestar físico y mental, me proporcionaron un poco de tiempo para mí misma acorde con mis necesidades e inculcaron a mis hijos el valor del movimiento diario y de dar prioridad a una vida sana.

Casi todos los problemas u obstáculos de la vida pueden hacerse más fáciles o manejables dividiéndolos en pasos más pequeños y factibles. Observa la situación en su conjunto: ¿qué primer paso puedes dar? No imagines todos los movimientos que debas dar desde el principio, si eso te parece demasiado abrumador. Solo ese primer paso. Desde los pequeños y *fáciles* obstáculos diarios hasta las grandes sorpresas que puedan surgir, acostúmbrate a dar un paso atrás y a desmenuzar el problema. No necesitas tener una solución o estrategia de inmediato. Puede que para el obstáculo que tienes en mente, eso no sea posible. Pero, sea cual sea, siempre puedes encontrar un primer paso. Y, según mi experiencia, el siguiente paso se ve mucho más claro tras haber dado el primero.

Al dividir nuestros proyectos en pasos más pequeños, creamos un camino claro y factible hacia la meta que nos permite sentirnos satisfechos —y reavivar la motivación— según avanzamos.

Estos pequeños pasos también implican un menor margen de error a la hora de detectar fallos, abordar problemas imprevistos y transitar con éxito hacia la línea de meta.

Cualquier cosa que merezca ser tenida en cuenta vale la pena hacerla bien, a ser posible a la primera, y esto se aplica a todo lo que hacemos a lo largo del día, no solo a los grandes proyectos. Y, cuanto más específicos y claros seamos, mayores serán nuestras posibilidades de éxito. Desde que nos levantamos por la mañana hasta que nos acostamos por la noche, trabajamos mejor cuando podemos prever con claridad nuestros próximos pasos. En la vida ocurren infinidad de cosas que escapan a nuestro control, así que ¿por qué no simplificarla cada día siempre que podamos y transformar el desorden en orden? Incluso algo tan básico como una casa desordenada puede pasar de ser desalentador a factible con un simple cambio de perspectiva y una estrategia de pequeños pasos: hacer las camas, colgar la ropa que está tirada, etcétera.

Con el tiempo, te darás cuenta de que este enfoque respecto de los proyectos y problemas se convertirá en algo mucho más grande que las tediosas tareas; te evocará una sensación de alegría y te facilitará la gestión de la siguiente lista de cosas cuando surjan. Te ayudará a priorizar, dejando a un lado los elementos que te hacen perder el tiempo y los detalles insignificantes en los que quizá te habrías detenido de otro modo. También te encontrarás con más energía y ganas de mantener el impulso, ya que se sabe que los pequeños éxitos generan confianza y estimulan el esfuerzo. Por último, el hecho de completar cada paso y mirar atrás te animará a seguir adelante.

Cuando me lancé a comprar ese terreno para mi futuro edificio de oficinas, no tenía ninguna garantía. E incluso con un plan sólido y unos pasos definidos para alcanzar mis objetivos, surgieron imprevistos, ¡como siempre! Tuve que adaptarme sobre la marcha. Pero mi objetivo final seguía siendo el mismo, por muchas vueltas que diera el camino y por muchas barreras que me pusieran delante. Tenía una visión y me comprometí a hacerla realidad.

Pero, de todas las visiones que tenía para mí en los primeros días de mi carrera, nada era más importante que crear y mantener una vida más estable y segura para mis hijos. Y te diré que, cuando te dejas la piel para construir algo desde cero e intentas ser el mejor padre posible para tus hijos, encontrar la manera puede ser increíblemente complicado.

Cuando adquirí mi agencia, mucho antes de la compra del terreno, me abrumaba la idea de cómo iba a pasar de donde estaba —una madre soltera de tres hijos que ya trabajaba al máximo de su capacidad— a donde quería estar: segura, independiente y próspera. Claro que me intimidaba el camino que tenía por delante, pero dar media vuelta no era una opción. ¿Y qué hice? Lo has adivinado. Dividí el proceso. En pequeños pasos.

Di un paso atrás y me fijé en el panorama general —abrir mi propia agencia— y luego calculé los pasos que tendría que dar para hacerlo realidad. El primero consistía en desarrollar las habilidades empresariales que necesitaría para desempeñar mis nuevas responsabilidades como agente. El segundo paso era idear un plan para mis hijos, de modo que mi nueva aventura empresarial no supusiera pasar más tiempo lejos de ellos. Tenía tres hijos adolescentes y sabía que era un momento crucial para ellos, una época que sentaría las bases de los jóvenes adultos en los que pronto se convertirían. Necesitaban orientación, apoyo, atención. Y reconozcámoslo: aunque eran niños estupendos, necesitaban saber que yo estaba pendiente de ellos. No dejaba de pensar: «¿Cómo puedo aprovechar esta nueva oportunidad profesional sin apartarme de la vida de mis hijos?».

El proyecto requería mi tiempo y energía, pero mis hijos los necesitaban más. No podía dejar que ninguno de los dos aspectos de mi vida se resintiera, así que tenía que encontrar la manera de que ambos funcionaran. Me puse a pensar: ¿cómo podía hacer las dos cosas? Y entonces se me ocurrió. Solo había un primer paso que satisfaría ambas demandas.

Decidí incorporarlos al trabajo conmigo. Por lo tanto, el tercer paso era crear oportunidades de trabajo para ellos que les ofrecieran un camino hacia el crecimiento personal por derecho propio, pero que también beneficiaran a la empresa. Al igual que yo me había metido en esta nueva aventura, necesitaba que mis hijos se metieran en este nuevo mundo conmigo. Mis dos hijas se encargaron de la recepción y mi hijo de la limpieza. Yo pude perseguir mi sueño y ellos aprendieron disciplina, humildad y ambición, valores que no podrían haber aprendido sentados en casa esperando a que yo terminara mi jornada laboral. Este problema, que al principio parecía insalvable, resultó ser una bendición una vez que fui capaz de desmenuzarlo y mirarlo desde otra perspectiva.

No te dejes asustar por los problemas. La vida da miedo, pero tus mejores días están más allá de tu zona de confort. Espera sentirte incómodo, anticipa el miedo y ve a por ello de todos modos. ¿Estás preparado?

MEDIDA N.º 6: VISUALIZA TUS TAREAS DEL DÍA Y DIVÍDELAS EN PEQUEÑOS PASOS.

Piensa en una tarea o incluso en un gran proyecto que tengas en mente hoy. Tanto si se trata de desarrollar un nuevo producto como de reorganizar tu armario, empieza por articular cuál es el plan o el objetivo general e imagina el resultado final. A continuación, dedica algún tiempo a planificar los pasos que debes dar para conseguirlo. Puede que necesites más de un intento y más de un día para hacerlo bien. Pero no pasa nada. Empieza ahora mismo, en este momento.

¡Ya lo tienes!

Aprende a decir no

«Cuando digas sí a los demás, asegúrate de que no te estás diciendo no a ti mismo».

PAULO COELHO

Sí, LO HAS LEÍDO BIEN A LA PRIMERA. En un libro motivacional, entre el mar de libros motivacionales, este te dice que digas no.

Esto puede parecer confuso por varias razones. En primer lugar, la palabra «no» suena negativa de entrada. En segundo lugar, la idea de decir «no» parece totalmente contraria a la idea de mejorar la vida diaria de quien la profiere con hábitos y comportamientos que aumenten las oportunidades. Y en tercer lugar, se supone que gritar «¡Sí!» desde las cimas de las montañas es el secreto del éxito para cambiar las reglas del juego, ¿verdad?

¿Entonces?

Escucha con atención, porque esto es algo que vas a tener que asumir más pronto que tarde si esperas hacer cambios serios en tu vida diaria: está bien decir que no. Es más, es necesario. El no es una herramienta. El no puede ser tu ventaja.

El no puede ser tu superpoder.

Pero antes de ayudarte a ver el poder del no, hablemos un poco de por qué decimos que sí. Es fácil. Agrada a los demás, lo que significa que les gustaremos. Nos ayuda a cumplir nuestras obligaciones y a estar a la altura de lo que los demás esperan de nosotros. Y a veces nos da más control sobre nuestras vidas. Como se dice a menudo: «Si quieres que algo se haga bien, tienes que hacerlo tú mismo». Esta mentalidad juega un papel importante en por qué decimos que sí tan a menudo. Nos preocupa que otros metan la pata y, en el fondo, disfrutamos con la idea de ser nosotros los que lo hagamos todo. Forma parte de nuestro continuo afán de perfección.

Y a veces decimos que sí porque parece ser nuestra única opción. Cuando alguien necesitado se presenta ante ti —ya sea un compañero de trabajo, un empleado, un amigo, tu pareja o un hijo— y te pide algo que nadie a tu alrededor puede ofrecerle, ni siquiera te planteas una alternativa a decirle que sí.

Entonces, ¿cuál es el denominador común más preocupante de todas esas razones por las que decimos que sí? Pues que ninguna de ellas responde a tus intereses. Claro, puede que satisfagan tu necesidad de caer bien o te ayuden a evitar la culpa, pero no son respuestas directas a tus intenciones u objetivos. Provienen de una fuente externa.

Hace muchos años aprendí una lección sobre decir no que nunca olvidaré.

Un colega acudió a mí desesperado. Con los ojos llorosos y en tono suplicante, me explicó que su cónyuge estaba muy enferma. Necesitaba liberarse para poder pasar tiempo con ella. Se me encogió el corazón. Me sentí desolada por esa persona, por su pareja y por toda su familia, por todos los que se verían afectados por una tragedia que yo consideraba inevitable.

Necesitaba vender su empresa para liberar capital en esos momentos difíciles y pensó que yo podría ayudarle. Mi corazón me dijo que sí (aunque mi cabeza me decía que no). En un momento de conflicto, le pedí un poco de tiempo para considerar su petición. Pero él insistió, diciendo que era un asunto urgente y que yo era la única persona en quien podía confiar.

Me sentí obligada a ayudar. ¿Quién no lo haría? Claro que era mucho pedir. Y no, no me daba mucho margen para hacer mis propias reflexiones, ¡pero era cuestión de vida o muerte! Sin duda, eso estaba fuera de toda normalidad. Además, él tenía experiencia en banca, lo que me daba más garantías sobre la exactitud de los datos financieros que me presentaba. Así que acepté comprarle el negocio.

Avanzamos rápidamente hasta el cierre de la venta. Hasta ese momento todo había ido deprisa —demasiado deprisa—, pero yo seguía pensando que las prisas se debían a las circunstancias excepcionales. La venta se hizo oficial y, tan rápido como tarda la tinta en secarse, la verdad, como suele ocurrir, salió a la luz.

Podría mostrar mi lado más diplomático, pero lo cierto es que me la jugaron. Los números que me habían proporcionado no cuadraban exactamente una vez que tuve el debido tiempo y pude sentarme con tranquilidad. Siguieron años de tribunales, abogados y un montón de tiempo perdido, además de una enorme lección financiera que aprendí a base de bien. ¡Ay de mí!

Y, para que quede claro, la lección aquí no es ser egoísta ni perder de vista la empatía y el deseo de ayudar a los demás. Tu empatía no es una debilidad; es una fortaleza absoluta. En mi caso, debería haber escuchado a mi instinto antes de aceptar ayudar. Si lo hubiera hecho, habría dejado a un lado mis emociones, me habría tomado el tiempo necesario para sopesar lo que se me pedía y habría actuado con la diligencia debida. Habría empezado por responder que «todavía no» y, después de completar lo que debía haber hecho, habría dicho firmemente que no. Y me habría parecido bien.

¿Cuándo fue la última vez que dijiste que sí a algo? Apuesto a que se te han venido a la cabeza un puñado de síes recientes. Tal vez un puñado solo en el día de hoy: tareas laborales varias, invitaciones sociales, peticiones familiares e incluso unos minutos dedicados a esa molesta llamada telefónica que ha acabado por cansarte con su última oferta especial.

¿Cuándo fue la última vez que dijiste que no?

¿Sigues pensando? Puedo esperar.

Si te resulta difícil recordar cuándo has dicho que no, no eres la única persona. Por diversas razones, desde la educación en la infancia hasta las inseguridades personales, la mayoría de la gente tiene problemas con el no. La mera palabra lleva asociada una connotación muy negativa. Para las mujeres de negocios, incluso en los tiempos que corren, decir no en el trabajo sigue percibiéndose como una actitud desafiante y emocional, mientras que los hombres que dicen no suelen ser vistos como asertivos y seguros de sí mismos. Además, la mayoría de nosotras preferimos evitar enfrentarnos y acumular más responsabilidades —con las que tendremos que lidiar— antes que irritar a nadie.

Pero esto no es sostenible a largo plazo. Los estudios demuestran que el daño causado por un exceso de síes y un defecto de noes puede ser duradero y perjudicial para la felicidad.

La realidad es que no puedes decir que sí a todo lo que te piden en un día. Puede que así complazcas a los demás, pero te priva de tu precioso (y limitado) tiempo, que podrías emplear mejor persiguiendo tus propios objetivos y tachando cosas de tu propia lista.

También existe la posibilidad de que, al comprometerte en exceso con los demás, acabes incumpliendo tus obligaciones y te sientas agotado y resentido con quienes crees que se han aprovechado de ti.

Por supuesto, no puedes controlar el flujo constante de «¿Puedes...?», «¿Te importaría...?» y «Por favor, por favor...» que te llegan cada día. Pero sí puedes controlar cómo respondes a estas demandas. Puedes determinar qué es lo que realmente merece tu tiempo y tu energía, y decidir cuál es tu capacidad para responder afirmativamente cada día.

También puedes cambiar tu perspectiva sobre la palabra no. Piénsalo así: cada vez que la dices, abres un poco más de espacio en tu día para decir sí a lo que realmente te importa y que te da la libertad de vivir con autenticidad. A veces, decir «Ahora no» o «Todavía no», cosa que apenas hice en el caso del colega que intentaba convencerme de que le comprara su negocio, también puede ayudar a aliviar el estrés de decir que no rotundamente mientras te das un poco de tiempo para procesarlo. En mi caso, sin embargo, debería haberme tomado más tiempo para llegar a la respuesta correcta.

Cuando dices que no o ahora no:

- ↻ haces hincapié en el autocuidado en lugar de sentirte egoísta;
- ↻ dejas que tu guía interior dirija el rumbo en lugar de sentirte culpable;
- ↻ valoras tus instintos siendo asertivo en lugar de sentir que estás siendo agresivo.

¿Te preocupa que algunas de tus relaciones se resientan cuando empieces a ser más selectivo a la hora de decir que sí? No te preocupes. Al ser más auténtico y transparente sobre aquello a lo que estás —y no estás— dispuesto a comprometerte, tu honestidad actuará como un filtro para cualquier relación tóxica y descompensada, y permitirá que tus relaciones sanas se fortalezcan y os respetéis mutuamente.

Sé consciente de tu valor. Tu tiempo es tan valioso como el de los demás y tienes todo el derecho a protegerlo a toda costa. Si hoy fuera tu último día, ¿cuánto de estas últimas 24 horas habrías vivido realmente para ti y para tu propósito?

¿Te pone nervioso pasar al no?

Aunque hay momentos en los que necesitas estar preparado para soltar un no rotundo, también pueden ayudarte a adoptar este nuevo hábito estas frases claras pero amables:

- ↻ «Por desgracia, ahora no me es posible».
- ↻ «En este momento no puedo comprometerme plenamente con nada nuevo».

G «Creo que no soy la persona adecuada, pero déjame que piense en alguien que pueda encajar mejor».

G «Gracias, pero no te puedo decir que sí».

No tiene por qué parecer grosero decir que no. A veces lo que marca la diferencia es la forma de decirlo: no siempre se trata de lo que dices, sino de cómo lo dices. Y recuerda: no te convierte en una mala persona decir que no. Puedes dar prioridad a tus propias necesidades y establecer límites. Puedes ser dueño de tu tiempo.

Aprender a poner en práctica nuevos hábitos a menudo significa dejar atrás viejos hábitos no tan buenos. ¿Cuántas personas en tu vida tienen la costumbre de pedirte favores porque saben que pueden hacerlo? Lo más probable es que algunos de los que te piden ayuda continuamente recurren a ti porque saben que siempre dirás que sí, pase lo que pase; ese es el mal hábito que hay que combatir. Deja de decir que sí como un reflejo automático o como un medio para evitar el enfrentamiento.

A partir de ahora, conviértelo en una práctica diaria. Comprométete a decir que sí solo a las cosas que reflejen tus valores y para las que realmente dispongas de tiempo y te apetezcan.

No acabes siendo el último mono. Empieza a decir que sí solo cuando:

G sea productivo;
G lo hayas pensado muy bien;
G sepas que conlleva un valor significativo;
G sea bueno para tu verdadero yo, no para tu premisa de «No digas que no a nada»;
G realmente te merezca la pena.

Créeme: decir no te abrirá un mundo de síes más adelante.

MEDIDA N.º 7: ANOTA CUÁNTAS VECES DICES QUE SÍ Y CUÁNTAS QUE NO A LO LARGO DEL DÍA.

Por cada sí, pregúntate si cumplía los requisitos descritos anteriormente. Por cada no, felicítate porque eso significa que estás cuidando de ti mismo, estás siendo acorde con tus instintos o aprendiendo a ser asertivo y no agresivo. ¿Te sorprende la proporción entre síes y noes? Tengo la sensación de que sí.

HÁBITO 8

Vive el presente

«No dejes de vivir el momento... Es todo lo que tenemos».

ARIANNA HUFFINGTON

EN UNA ESCALA DEL UNO AL DIEZ, ¿cómo de presente estás en tu vida diaria?

¿En qué parte de tu día puedes decir, con total confianza, que participas activamente, en cuerpo y alma, al cien por cien? Desde la mañana hasta la noche, pasando por todas tus interacciones personales, reuniones y asuntos diarios, e incluso entre tarea y tarea, ¿en cuánto a lo largo de tu día estás mentalmente presente?

Lo pregunto porque, y sé que esto es cierto para todos nosotros, la vida parece estar llena de ocupaciones. Hay demasiado que hacer y llega un punto en que nuestra vida cotidiana parece centrarse en cuántas tareas podemos completar. Nos levantamos y nos ponemos manos a la obra, con una visión restrictiva que se apodera de nosotros mientras enviamos mensajes de texto y correos electrónicos pasando de un asunto a otro, al tiempo que medimos nuestro éxito diario por la cantidad de cosas de nuestra lista de tareas pendientes que conseguimos tachar. Hacemos esto, hacemos aquello. Cantidad, cantidad, cantidad. No me malinterpretes: la productividad es buena, de hecho, es genial, pero ¿qué pasa con la calidad de nuestros días, con la experiencia en sí?

Permíteme preguntarte: si alguien tomara una instantánea de tu día a día, capturada en un único momento de tus 24 horas,

¿cómo sería esa imagen? ¿Cómo te verías en medio de la jornada? ¿Estarías quieto, concentrado, o saldrías desenfocado, pasando deprisa a lo siguiente?

Muchos de nosotros nos apresuramos, ansiosos por asumir la siguiente tarea. Puede que incluso parezcamos tensos o nerviosos, ya que se nos pasan un millón de cosas por la cabeza a cada momento. Hay tanta gente que cuenta contigo, tantas cosas en juego. Sientes ese peso, esa presión sobre los hombros, una sensación que llevas contigo todo el día, ¿verdad? Y el resultado, después de tanta prisa y esfuerzo, es un día vivido a medias, que apenas recuerdas con detalle.

¿No quieres sentir que vives la vida plenamente?

Cuando aprendemos a estar presentes, dominamos la capacidad de apreciar el ahora, y es entonces cuando prosperamos. Estamos en el momento, plenamente comprometidos. Tomamos el volante y dirigimos el rumbo desde el asiento del conductor.

Y ahí es donde deberías estar, recorriendo conscientemente cada curva y recodo de la carretera. Solo tú puedes hacerlo, pero primero tienes que salir del modo *piloto automático*. Puedes dominar todos los buenos hábitos y comportamientos sociales, pero, si no puedes comprometerte de verdad en cada momento de tu vida, entonces nada de eso importa.

Como alguien con una agenda muy apretada, sé lo tentador que es dejarse llevar por la corriente. Recuerdo la primera vez que leí *The Power of Now* (*El poder del ahora*), de Eckhart Tolle; algo hizo clic en mi mente. «Date cuenta de que el momento presente es todo lo que tienes», escribe su autor. «Haz del AHORA el foco principal de tu vida».

Aunque me encanta estar ocupada y tener una agenda llena, solía experimentar momentos en los que estaba en medio de algo y mi cabeza ya me estaba moviendo hacia lo siguiente. Estaba físicamente, pero no mentalmente presente. Después de aprender a invertir de forma habitual y plena en mi tiempo y mi espacio, he descubierto que hay un verdadero elemento de plenitud en hacerlo.

**Cuando practicas el arte de estar presente,
sacas más provecho de las experiencias de la vida
y contribuyes más al mundo que te rodea.**

Una gran parte de estar presente está relacionado con la capacidad de concentración, algo con lo que mucha gente tiene dificultades. En un mundo en el que las facturas nunca dejan de llegar, en el que las listas de cosas por hacer no dejan de crecer y en el que todo el mundo a tu alrededor parece necesitar siempre algo, ¿es posible desconectar de todo el tiempo suficiente para centrarse?

Permitidme que os trace una imagen: estáis delante de alguien manteniendo una conversación. Al principio, estás tranquilo, concentrado, inmerso en la interacción. Pasan unos minutos y, de repente, alguien te lanza una pelota de goma roja. La tomas y pierdes momentáneamente la concentración en el diálogo. «No pasa nada —te dices—, solo me he perdido un momento. Puedo recuperar el hilo». Pasa otro minuto y te lanzan otra pelota de goma, y luego otra y otra más. Pronto te encuentras perdido en la conversación y dando respuestas automáticas en lugar de reflexivas, mientras intentas frenéticamente hacer malabarismos con todas las pelotitas de goma en juego, que representan todos esos pensamientos que están rodando por tu cabeza en un momento dado.

Vamos a darle la vuelta. ¿No te han dicho siempre: «Trata a los demás como te gustaría que te trataran a ti»?

Ahora piensa en la siguiente situación. Estás hablando con un colega sobre un proyecto importante en el trabajo. Te has topado con algunos baches en el camino y te gustaría que esta persona te diera su opinión. Tu colega no tiene el teléfono en la mano y te está mirando, lo que indica que está plenamente involucrado en este momento contigo. Y, al final de la conversación, te sientes validado y respetado porque alguien ha hecho el esfuerzo de estar presente contigo.

Incluso cuando nos involucramos en una situación con la intención genuina de concentrarnos y estar presentes, a menudo nos encontramos divagando en nuestros propios pensamientos después de unos momentos. Las investigaciones revelan que la «capacidad de atención selectiva sostenida» del adulto medio, o la atención centrada en una tarea, es de entre diez y veinte minutos, así como que esta cifra disminuye cada año, a medida que la persona envejece. Parece que nuestro cerebro ha sido condicionado para distribuir nuestra atención focalizada en breves ráfagas mientras intenta captar todo lo que tiene a la vista.

Sin embargo, tenemos el poder de cambiar este patrón. De hecho, el enfoque como herramienta para el éxito se ha convertido en un tema tan candente que se han escrito libros sobre él, se aborda en seminarios y se debate en pódcasts. No faltan trucos y herramientas que prometen ayudarte a dominar tu concentración y, como resultado, a dominar tu vida. Estoy de acuerdo en que, como en cualquier otro aspecto, podemos elegir ser más hábiles a la hora de prestar atención. Podemos volver a entrenar el cerebro para que vuelva a centrarse cuando sintamos que perdemos la atención. Pero, según mi experiencia, no hay una solución rápida. Todo se reduce a la autodisciplina a la antigua usanza para desarrollar nuevos hábitos y a un auténtico deseo de cambio. Tienes que querer verdaderamente vivir el momento para poder tomar las riendas de tu vida.

A principios de la década de 1990, antes de asumir un puesto de gerencia, trabajaba en ventas. Era un empleo que me mantenía activa, ya que las múltiples facetas de mi trabajo me obligaban a desplazarme durante gran parte del día. Desde llamar a la puerta hasta enseñar casas, siempre estaba en movimiento. En cuanto a si era o no un empleo que iba con mis puntos fuertes, lo cierto es que se me daba muy bien. Me encantaba estar siempre expuesta a cambios y al movimiento. Pero había un problema. Ya había puesto el ojo en el puesto de gerente. Aunque me encantaba trabajar en ventas, el horario y la estabilidad salarial que ofrecía el puesto de gerente eran la mejor opción si tenía en cuenta a mis hijos y sus necesidades.

Pero este nuevo empleo supondría un cambio importante en mi forma de trabajar en el día a día. En lugar de ir de un lado a otro, la mayor parte del tiempo desplazándome en coche, tendría que convertirme en una presencia fija en la oficina. Para alguien como yo, la idea de permanecer sentada durante horas y horas era una pesadilla. Incluso cuando trabajaba desde la oficina, estaba lejos del escritorio constantemente, caminando por los pasillos, comparando notas con otros agentes, paseando mientras hacía llamadas; simplemente no podía quedarme quieta.

Me di cuenta de que esto iba a ser un problema importante cuando pasara de ventas a gerencia. Se esperaría de mí que mostrara liderazgo y coherencia a mis agentes y al resto del personal; ellos esperarían que estuviera en la oficina, concentrada y dispuesta a apoyarles siempre que fuera necesario. Sabía lo que tenía que hacer, por lo que la cuestión iba más allá de quedarme quieta. Lo que me costaba era centrarme y permanecer presente en los momentos en los que no había ningún tipo de acción. Si iba a aprender a estar parada y presente en los momentos en los que normalmente no paraba y *buscaba acción*, entonces haría falta un poco de reprogramación consciente.

Aprendí a hacer de esto un hábito. Empecé poco a poco y me comprometí a trabajar desde donde estaba sentada durante treinta minutos, luego cuarenta y cinco, luego una hora. Me permitía pequeños descansos para levantarme y poder moverme, dar una vuelta por la oficina para establecer contactos y hacer llamadas. Al cabo de unas semanas, empecé a encontrar un equilibrio y un ritmo naturales.

No te voy a mentir: no es fácil practicar habitualmente el estar presente. Puede que sea uno de los hábitos más difíciles que propongo en todo este libro. Y es que, a diferencia de despertarse más temprano o preparar el día con antelación, estar presente es algo que requiere un esfuerzo consciente durante todo el día.

Cuando algo es crucial, nos esforzamos. Y he decidido que, al menos para mí, estar presente es crucial. La vida no viene con instrucciones. Tienes una oportunidad en cada momento, y ya está. Por supuesto, hay momentos en los que me siento abrumada y me cuesta mantener el rumbo. Pero, cuando eso ocurre, me tomo un momento para controlarme y reajustar mis pensamientos. Me recuerdo a mí misma que este es el momento que estoy viviendo y que merece toda mi atención. Da igual lo que esté haciendo en concreto; todo y todos en mi vida merecen mi respeto y mi atención.

El ahora es todo lo que realmente tenemos. Y he tenido que entrenarme para estar presente en el momento. Veo a cada persona y cada interacción como una oportunidad. Uno de mis lemas es escuchar el doble de lo que hablo. Al fin y al cabo, tenemos dos orejas y una boca y, si las utilizamos como es debido, podemos comprobar fácilmente cómo esta estrategia de interacción consciente y de estar presente repercute positivamente en nuestros días.

Consideremos los beneficios de estar presente en algunos de los entornos típicos de tu día a día.

Desde un punto de vista profesional, la capacidad de centrarte en el momento y estar presente te hará diferente al resto. El denominador común en una gran variedad de sectores son las personas: son los pilares de todo gran imperio, las piezas de toda máquina bien engrasada y el pulso de todo lugar de trabajo próspero. Los líderes empresariales saben de primera mano que el éxito consiste en construir relaciones y equipos sólidos a través del compromiso activo y las conexiones genuinas. Y lo has adivinado: esto se basa en estar presente en compañía de los demás.

En mi día a día trato con mucha gente y sé que puede ser fácil perder la concentración y dejarse llevar por otras cosas cuando las tareas y los problemas se solapan. Distraerse es normal, a menos que seas un robot. La clave está en reconocer cuándo pierdes la concentración y hacer el esfuerzo de volver al presente y comprometerte de nuevo con la tarea que tienes entre manos.

Cuando te conviertas en un experto en estar presente, quienes trabajen contigo lo notarán y lo apreciarán. Respetarán tus esfuerzos por prestar verdadera atención y admirarán cómo pareces estar siempre donde se supone que debes estar. Te convertirás en el ejemplo de lo que significa ser alguien de confianza, detallista y centrado. Y te darás cuenta de matices que de otro modo habrías pasado por alto.

En última instancia, estar en el momento presente en el trabajo te va a ayudar a tener éxito no solo en tu día a día, sino también a mantener el ritmo que necesitas para acercarte a tus objetivos profesionales a largo plazo, por no mencionar que también hará que los demás tengan una percepción positiva de ti.

Estar presente en el trabajo durante todo el día exige mucha energía y, por desgracia, puede contribuir a que nos sintamos embotados al llegar a casa, donde liberamos la peor versión de nosotros mismos. Por supuesto, no es algo intencionado, pero el cerebro funciona de una manera que nos dice que, al habernos activado al máximo para el mundo exterior, la tendencia se revierte una vez que llegamos a casa, aprovechando la comodidad y la estabilidad que este espacio tiende a proporcionar. Sin embargo, al no estar presentes en casa, no solo fallamos a las personas que nos rodean —las más importantes de nuestra vida—, sino que también nos fallamos a nosotros mismos y podemos dañar a largo plazo esas relaciones.

Independientemente del entorno, aprender a asumir con maestría y de forma habitual cada momento que se te presenta es una inyección de confianza que cambia las reglas del juego. Al hacerlo, descubrirás lo mucho que te gusta tener el control de tu vida y encontrarás una mayor satisfacción.

Tus relaciones mejorarán, ya que las personas que te rodean se sentirán atraídas por tu nueva atención y concentración, y tu familia se sentirá apoyada y querida por tu capacidad para dar prioridad a los momentos que pasas con ellos. Incluso el tiempo que dediques al cuidado personal será más eficaz.

Entonces, ¿qué significa realmente estar presente? ¿Cómo se materializa? Tienes a continuación algunas estrategias que pueden ayudarte:

- ↻ Toma conciencia de cuándo y dónde tiendes a desconectar mentalmente. ¿A qué hora del día? ¿Dónde? ¿Con quién estás?
- ↻ Prepárate para el día, lo que implica dedicarle tiempo suficiente a cada tarea o cita importante que tengas por delante y dejar algo de margen para toda aquella distracción inevitable.
- ↻ Demuestra físicamente tu compromiso con los demás estableciendo contacto visual, inclinándote hacia la otra persona, etcétera.
- ↻ Crea espacio en tu mente para el momento a fin de permitirte interiorizar, procesar, considerar y responder reflexivamente a lo que afrontes.
- ↻ Céntrate en el tema en cuestión y dedícale toda la atención antes de pasar a otros temas o ideas.
- ↻ Escucha. Y hazlo de verdad. Escucha lo que ocurre.

No siempre es fácil. Yo empatizo mucho con las madres jóvenes, en particular, a las que les cuesta estar presentes. Yo siempre estaba de un lado para otro. Y, aunque encontré soluciones a grandes obstáculos en ese periodo de mi vida, hubo muchos momentos familiares que sé que me perdí. ¿Fue una elección consciente no estar siempre presente? Por supuesto que no. Pero, a veces, es el sacrificio inconsciente que hacemos entonces por un bien mayor en el futuro. Aunque me gustaría poder volver atrás y vivir con mis hijos todos los momentos que me perdí en aquellos años, para mí es una bendición tener ahora una segunda oportunidad en mi papel de abuela. Cualquiera que se sienta identificado te dirá lo gratificante que es: una oportunidad de hacerlo todo de nuevo, sabiendo ahora lo que desearías haber sabido o teniendo lo que desearías haber tenido en aquel momento.

Cuando aprendemos a sintonizar, escuchamos de verdad a las personas que nos rodean y ellas pueden ver que nos preocupamos por su vida y por lo que tienen que decir. Cuando respondemos con atención, estamos dando nuestro tiempo, sabiduría y energía a las personas que queremos. Como progenitor, pareja, hermano o cualquiera que sea el papel que desempeñemos, podemos dar rienda suelta a toda la alegría y enriquecimiento que se derivan de conectar de verdad con las personas que más significan para nosotros cuando estamos activamente presentes y sentamos activamente el precedente de lo que significa quererse y respetarse.

Todo lo que hace falta para empezar a hacer este cambio es comprometerte a mejorar: a diario y de verdad, con tu vida y con todos los momentos increíbles que te has estado perdiendo inconscientemente y que has desatendido sin darte cuenta.

¿Te has dado cuenta alguna vez de que la parte más difícil de una clase de yoga no son las posturas imposibles ni la dificultad de mantenerlas correctamente? Es el final de la clase, cuando el profesor te dice que te tumbes en *savasana*, cierres los ojos y medites. Atrás queda la voz del profesor, la respiración agitada de los que te rodean, las luces que reflejan los espejos cuando pasas de la postura del guerrero uno a la del guerrero dos. Al principio, tu mente abraza el momento, físicamente agotada y agradecida por la pausa. Pero entonces empiezan a llegar los pensamientos y se abren las compuertas: «¿Qué voy a preparar para cenar?», «¿Me han enviado el correo electrónico que estaba esperando?», «¿Cómo ha ido la prueba médica de mamá?», «¿Me he acordado de poner el despertador en casa?».

Así es la vida. Empezamos cada momento con la mejor de las intenciones, pero luego, con la misma rapidez, la vida se cuela y nos recuerda que no existe un *interruptor de apagado* mágico para todo lo demás que tenemos entre manos. Por eso dominar la entereza mental, aunque nunca se convertirá en algo sencillo *per se*, es tan importante, ya que te ofrece resultados tanto instantáneos como a largo plazo; por eso merece la pena todo el esfuerzo que inviertas, día tras día.

> **MEDIDA N.º 8: COMPROMÉTETE A ESTAR PRESENTE DURANTE UN SOLO DÍA, OBSERVANDO CUÁNDO Y DÓNDE TIENDES A PERDER LA CONCENTRACIÓN, MANTENIENDO EL CONTACTO VISUAL Y ESCUCHANDO ATENTAMENTE A LOS DEMÁS (Y DEJA EL TELÉFONO A UN LADO).**

La vida sucede tanto si estamos sintonizados con el presente como si no. Y cada experiencia de tu día es un momento único que no volverás a vivir. Es una vida hermosa; no la dejes pasar. Respira hondo y mira a tu alrededor. El ahora es todo lo que tenemos. Disfruta de este momento y comprométete a estar más presente en tu vida.

Reconoce los estilos de comunicación

«La forma en que nos comunicamos con los demás y con nosotros mismos determina en última instancia la calidad de nuestra vida».

TONY ROBBINS

¿CUÁL ES LA CUALIDAD QUE TODOS BUSCAMOS en los demás, ya sea en un socio potencial, en un empleado o incluso en quien nos guía por teléfono a la hora de configurar el *router*?

Sólidas habilidades de comunicación. La comunicación, tanto verbal como no verbal, está relacionada con todas las actividades humanas. Y la capacidad de expresarnos con claridad, eficacia y seguridad es lo que nos atrae, consciente e inconscientemente. Es lo que establece la confianza y propicia la conexión. La forma en que te comunicas con los demás, desde la primera interacción, marcará la pauta de las relaciones que establezcas y de cómo te ven los demás.

También es una de las pocas habilidades vitales que se aplica a todos los ámbitos de la vida. Desde cerrar un gran trato en el trabajo hasta criar a los hijos con éxito en casa y todo lo demás, pasando por las pequeñas cosas en las que ni siquiera piensas cada día. Tu estilo de comunicación desempeña un papel en todo esto; es tu firma cuando te expresas. Por eso las habilidades comunicativas son clave en tu vida diaria. Olvídate de los beneficios a largo plazo; piensa en cada ciclo de 24 horas. ¿Cómo afecta a tu vida, para bien o para mal, tu método de comunicación con compañeros, familiares e incluso contigo mismo?

Para la mayoría de nosotros, la comunicación es una parte crucial del éxito de nuestro día. Otros hábitos diarios, como levantarse temprano, prepararse para el día siguiente y estar presente, son también herramientas importantes que contribuyen al éxito, pero las habilidades de comunicación son las que realmente harán brillar cada día.

Es revelador considerar cuántas cosas se vienen abajo y se convierten en oportunidades perdidas, todo por una mera falta de comunicación. Pero las malas habilidades de comunicación distan mucho de ser una minucia; pueden tener un enorme impacto en tu capacidad para alcanzar objetivos a largo plazo y, en última instancia, pueden ser perjudiciales para tu felicidad si se convierten en algo habitual. Al fin y al cabo, las habilidades de comunicación sólidas van más allá de poner una palabra delante de otra.

Una buena comunicación implica una serie de habilidades, como el uso eficaz de las señales no verbales, el ritmo adecuado y la escucha atenta, la elección cuidadosa de las palabras y la correcta interpretación del público receptor.

SEÑALES NO VERBALES

La mayoría de las personas se consideran aprendices visuales, lo que significa que captamos las señales de lo que observamos con los ojos. Aunque nuestros oídos funcionen bien, no significa mucho si el cerebro no sincroniza las palabras que oímos con lo que vemos. Esto significa que, al hablar con los demás, no basta con que utilicemos las palabras adecuadas. Podemos no transmitir nuestro mensaje si nuestras palabras no coinciden con nuestro lenguaje corporal y nuestras expresiones faciales.

Imagina que alguien se pone delante de ti y dice sí en voz alta mientras mueve la cabeza en señal de no. ¿Cómo lo interpretarías? La mayoría de la gente reconoce que daría más importancia a la señal visual —el no— porque, como dice el refrán, «Una imagen vale más que mil palabras». Asegurarte de que tus señales físicas coinciden con tus palabras reforzará lo que estás diciendo, lo que a su vez aumenta la probabilidad de que los demás te entiendan, te crean y se comprometan en una interacción eficiente.

Piensa en la última vez que asististe a una reunión que tuvo éxito. Seguramente la persona que la dirigía estuviera expresando información importante, pero, además, lo más probable es que mantuviera el contacto visual y mostrara señales faciales que correspondían a su mensaje.

¿Te sorprende saber que los seres humanos utilizamos veintiuna expresiones faciales diferentes para representar nuestra gama de emociones? Los comunicadores eficaces, como los oradores motivacionales que llenan estadios y viajan por todo el mundo para compartir su sabiduría, lo saben. Más allá de las luces brillantes y la música a todo volumen, estos oradores expertos se comunican y conectan eficazmente con un gran número de personas a la vez a través de gestos entusiastas, expresiones faciales animadas y una postura corporal que invita físicamente a los oyentes a compartir su espacio y les hace sentir como si les estuvieran contando un secreto de tú a tú. Por eso estos conferenciantes hacen giras y agotan las entradas para sus eventos, aunque sus mensajes también estén disponibles a través de libros y otros medios. No hay método de comunicación más eficaz que la comunicación en primera persona, cara a cara, especialmente cuando las palabras y las acciones físicas coinciden. Lo he comprobado de primera mano como espectadora viendo a titanes de la motivación como Tony Robbins.

Por otro lado, como conferenciante, sé lo que es subir a un escenario frente a miles de caras expectantes que te miran y tener que vivir el momento y conectar con tu público. No se trata solo de las palabras que salen de tu boca, sino de tu lenguaje corporal, tus expresiones faciales, tu energía y tu presencia. Es tu entrega.

Tanto si hablo en un escenario como si simplemente imparto una sesión de formación rutinaria en una de mis oficinas, soy consciente de mi forma de hablar, tanto verbal como no verbal. Miro al público y mantengo un lenguaje corporal revelador y positivo (sin brazos cruzados ni manos en los bolsillos). Me gusta estar en movimiento, siempre que sea posible, para abarcar el espacio de un extremo a otro del estrado y hacer que todos se sientan incluidos. También establezco el mayor contacto visual posible, hablo alto y claro, pronuncio las palabras adecuadamente y me aseguro de imprimirle a mi voz personalidad. Quiero que el mensaje que intento transmitir, sea el que sea, llegue de verdad. Quiero que la gente que me escucha sepa que creo de verdad en lo que digo y que no son solo palabras. Tengo información real que compartir. También interactúo, hago preguntas, animo a que me respondan y, siempre que puedo, intento que la gente se ría. Quiero que tengan los oídos bien abiertos y la energía al máximo. Quiero aportar valor real al momento y necesito que la gente sienta mi entusiasmo. Al fin y al cabo, si yo no estoy entusiasmada con lo que digo, ¿cómo puedo esperar que los demás lo estén?

Nada me anima más que celebrar los éxitos de nuestros increíbles representantes y equipos de ventas. Todos los años celebramos una gala en la que todos nos reunimos para destacar a nuestros empleados y reconocer su increíble crecimiento y sus logros durante el año que cerramos. Recientemente, debido a la pandemia no pudimos celebrar nuestra gala habitual en persona, pero en 2022 volvimos a organizarla. Y no es de extrañar que ese año la energía y la emoción fueran especiales. ¿Lo que más recuerdo? Esa sensación de conexión con todo el mundo durante mi entrada y bienvenida al escenario.

Cuando planificamos el acto, sabía que tenía que hacer que la inauguración de 2022 fuera muy especial. Quería que todo el mundo sintiera una emoción colectiva al entrar en la gran sala. Y sabía que tenía que hacer una entrada que marcara el tono de lo que esperaba que fuera nuestra mejor gala hasta la fecha. La noche del evento, cuando todo el mundo se acomodó en la sala principal y encontró sus mesas y asientos, las luces se atenuaron y empezó a sonar una grabación. Entonces empezó una cuenta atrás en las pantallas gigantes, con mi voz a través de un micrófono, contando con el público hasta el uno. Había elegido *I Gotta Feeling*, de Black Eyed Peas, para ese momento y entré por la puerta principal de la sala bailando entre las mesas hacia el escenario. Todo el mundo estaba de pie, cantando, las luces de colores parpadeaban: la energía era especial, exactamente como esperaba. Subí al escenario, me uní a mis hijos y a mis mánagers y bailamos el resto de la canción con el público. Al terminar la canción, sentí la energía colectiva del público expectante. Quería que mi energía y mi comunicación reflejaran lo que yo sentía: al fin y al cabo, era una noche de celebración. Me coloqué al final de la pasarela alargada que formaba parte del escenario y hablé desde el corazón, expresando mi gratitud por haber podido reunirnos por fin de esa manera y mi orgullo por tener un equipo tan increíble: no seguía guion alguno. Se podía oír la emoción en mi voz. Ese momento de comunicación consistió en expresar, verbal y no verbalmente, mi auténtica gratitud y alegría.

Al fin y al cabo, no hace tanto que nos preguntábamos cuándo volverían a ser posibles acontecimientos así, incluso si iban a ser posibles de nuevo.

En 2020, las experiencias compartidas en persona sufrieron un duro golpe, ya que nos vimos obligados a poner distancia física entre nosotros para mitigar los riesgos de transmisión durante la pandemia. El aumento exponencial de la popularidad de plataformas como Zoom durante esta época es un testimonio del fuerte deseo de la gente de tener esa conexión cara a cara. Al cabo de un tiempo, las llamadas telefónicas cayeron en picado. La gente quería la conexión y el *feedback* que proporcionan las señales no verbales y los indicadores visuales. Oír que alguien está de acuerdo con tu idea por teléfono es muy diferente de ver su reacción física en tiempo real en una pantalla: ¿sonríen y asienten con la cabeza o parecen confusos y preocupados? Y, aunque estos métodos alternativos para estar conectados funcionaron de alguna manera, creo que es justo decir que el distanciamiento social nos ha demostrado a todos lo poderosa e insustituible que es la presencia física. Nada puede sustituir a las experiencias compartidas, al hecho de estar realmente en el lugar con los demás, en tiempo real, sin necesidad de pantallas ni wifi.

RITMO ADECUADO Y ESCUCHA ATENTA

Las investigaciones indican que nuestro cerebro es capaz de usar hasta tres mil palabras por minuto mientras pensamos, pero solo somos capaces de escuchar unas ciento veinticinco por minuto. Esto significa que podemos pensar y producir palabras a un ritmo mucho mayor de aquel al que podemos procesar lo que oímos. Esto crea verdaderos obstáculos en la comunicación. Una forma de mejorar las posibilidades de una comunicación fluida es ser conscientes del ritmo al que hablamos.

¿Hablas tan rápido que el mensaje se pierde? Tómate tu tiempo para enunciar bien las palabras y expresarte con calma y seguridad. Esto no quiere decir que debas hablar a cámara lenta: no querrás cansar a nadie esperando a que termines. Pero, si se tienen que esforzar para seguirte el ritmo, lo más probable es que tu mensaje se pierda en la traducción.

Del mismo modo, la velocidad con la que respondemos a los demás también puede acabar siendo un obstáculo para la comunicación. Muchos de nosotros nos apresuramos a dar nuestra opinión y a intervenir, en lugar de detenernos lo suficiente para escuchar y considerar realmente lo que se nos presenta. Cuando nos tomamos unos segundos antes de hablar, nos damos tiempo para recibir e interpretar realmente los mensajes de los demás, así como para crear un espacio mental que nos permita formular una respuesta clara y concisa, minimizando el riesgo de que se produzcan errores de comunicación en el futuro. Al fin y al cabo, hasta que no sepa lo que quieres decirme, ¿cómo voy a responderte? Un viejo dicho del filósofo griego Epicteto sirve de recordatorio: «Tenemos dos oídos y una boca para escuchar el doble de lo que hablamos». Y yo que pensaba que se me había ocurrido a mí.

ELEGIR CUIDADOSAMENTE LAS PALABRAS

Cuando nos comunicamos con los demás, las palabras que elegimos pueden ser decisivas a la hora de transmitir lo que pensamos. Nuestras ideas y opiniones son importantes y tienen un gran valor, pero debemos ser conscientes de cómo las vehiculamos. Tener en cuenta cómo pueden interpretarse nuestras palabras significa pasarlas por un filtro interno antes de que salgan por nuestra boca. A menudo, el mero hecho de ser conscientes de nuestro tono y del uso de palabras como *tú* —que a veces pueden parecer acusatorias para quien las recibe— es un buen comienzo para practicar la comunicación consciente.

Por ejemplo, un comentario del tipo «Me molestaron mucho tus comentarios del otro día» puede hacer que alguien se sienta señalado y atacado, lo que a menudo desemboca en una respuesta a la defensiva.

Pero si lo planteas con responsabilidad, eliminando la palabra *tus*, podrías decir lo siguiente: «Me llamaron la atención los comentarios del otro día y me preguntaba cómo podemos abordarlos para que ambos resolvamos este asunto».

De este modo, evitarás cualquier espacio para una reacción defensiva, te habrás responsabilizado de tus sentimientos y habrás dejado la puerta abierta a próximos pasos constructivos, todo ello al ser más consciente de tu elección de las palabras adecuadas.

INTERPRETAR AL PÚBLICO

El éxito de la comunicación no es universal y hay que saber interpretar al receptor y adaptarse. Esto significa encontrar el punto de partida, darse cuenta de las señales no verbales que utilizan los demás, seguir el ritmo de conversación cuando interactuamos y prestar atención a los matices del diálogo que indican cuándo los demás se sienten escuchados y valorados y cuándo no.

En mis primeros días como gerente, cuando intentaba aplicar nuevas estrategias y recursos para los representantes de ventas, me encontré con mucha resistencia por parte de quienes estaban acostumbrados a hacer las cosas de otra manera. Yo estaba allí, entusiasmada por la oportunidad y armada con nuevas ideas, pero pronto me dije a mí misma: «Nadie te va a dar un respiro; vas a tener que seguir adelante por ti misma».

En aquella época asistí a muchas reuniones y tuve numerosas interacciones que me enseñaron mucho sobre comunicación constructiva. Algunas personas llegan a ti con opiniones y actitudes fijas y a veces lo ves desde el primer momento. Pero el estilo de comunicación de los demás no es tu problema; tú eres el único responsable de tus propias reacciones y de tu propia narrativa. No siempre ha sido fácil, pero he intentado verlo desde ambos lados. Puede que algunas personas se sintieran desautorizadas por mi enfoque o escépticas respecto a mi estilo de liderazgo; fuera cual fuera la causa, he intentado mantener las líneas de comunicación abiertas (y tan constructivas como he sido capaz) siempre que me ha sido posible. Nunca me ha interesado quemar puentes sin motivo. Lo más probable es que a la gente con la que tratas hoy la veas en el futuro por lo que casi siempre es más fácil encontrar un terreno común y mantener la cortesía en lo posible.

En esos difíciles momentos de comunicación, aunque sintiera que me frustraba, resistía la tentación de ponerme a la defensiva. En lugar de eso, los escuchaba. Los dejaba hablar. Esperaba mi oportunidad para responder y me aseguraba de que realmente intentaba escuchar lo que decían, no solo las palabras, sino lo que realmente intentaban expresar. Si no era nada constructivo, trataba de mantener la moral alta y lo dejaba pasar. Si había alguna posibilidad u oportunidad de dar un giro a la conversación, o de terminar con una nota más positiva, intentaba hacerlo. La cuestión es que, si alguien buscaba obtener una reacción negativa de mí, yo no iba a darle esa satisfacción. Y, al final, mi determinación de ser profesional, productiva y respetuosa dio sus frutos. Así que adelante, interpreta al receptor de tu mensaje, pero recuerda que nadie más que tú está a cargo de escribir tu relato. Así que, venga lo que venga, mantén la calma y el control de tus palabras y no podrás perder.

La adaptabilidad no consiste en ser falso. Todo lo contrario. Saber cómo y cuándo adaptarte subraya tu deseo de ser auténtico sin dejar de ser sensible a la hora de encauzar el mejor resultado posible para todos los implicados. Del mismo modo que tenemos que estar siempre preparados para cambiar de rumbo cuando los planes se tuercen, también tenemos que ser conscientes, mostrarnos flexibles y estar dispuestos a ajustar nuestro estilo de comunicación en función de lo que exija la situación. La adaptabilidad puede ser extremadamente eficaz siempre que la comunicación intencionada siga estando en el centro de todo lo que hacemos.

Interpretar al público y saber cuándo y cómo adaptarse no es necesariamente un hábito fácil de adoptar. Tanto desde el punto de vista profesional como personal, esta habilidad requiere tiempo, esfuerzo y, admitámoslo, mucho ensayo y error. La mayoría de nosotros nunca dominaremos el arte de la comunicación perfecta, pero una cosa es segura: cuando trabajas en tu forma de comunicarte con el mundo, el mundo trabajará en su comunicación contigo. Así que pongamos en práctica este hábito.

> **MEDIDA N.º 9: MAÑANA ESTUDIA ALGUNA DE TUS INTERACCIONES CLAVE, YA SEA EN EL TRABAJO O EN CASA, Y TOMA NOTA DE LAS HABILIDADES DE COMUNICACIÓN QUE ENTRAN EN JUEGO.**

Fíjate en las señales no verbales que utilizáis tanto tú como la otra persona. Escucha el ritmo y fíjate en si es demasiado rápido o lento. Date cuenta de cuándo te precipitas al hablar. Y pregúntate cómo, después de interpretar a tu interlocutor, podrías haber adaptado tu estilo de comunicación para obtener mejores resultados.

¡Llénate de energía!

«La energía es la clave de la creatividad.
La energía es la clave de la vida».

WILLIAM SHATNER

¿CUÁNTAS VECES AL DÍA TIENES QUE CARGAR EL MÓVIL? ¿Con qué frecuencia le cambias las pilas al mando a distancia? Incluso ese ingenioso dispositivo, Google Home, debe enchufarse para cobrar vida.

Nada dura para siempre. Incluso la pila del conejito de la tele se agota con el tiempo, por mucho que digan en los anuncios. Todo en este planeta requiere alguna fuente de energía externa. La propia Tierra, hogar de miles de millones de seres humanos, no puede funcionar sin la energía del sol. Imagínate algo tan poderoso y vasto, y a la vez tan frágil, sin su principal fuente de energía. Todo necesita algo más grande que sí mismo para seguir funcionando.

Esto es cierto, por supuesto, para todos los seres vivos y, como el mundo de hoy parece funcionar cada vez más rápido, nuestra sociedad da cada vez más valor a cómo podemos generar o reponer nuestra propia energía. Se pueden comprar bebidas energéticas concebidas para aportar vitalidad. Puedes seguir rutinas de ejercicio que prometen ponerte en marcha. Puedes escuchar pódcasts, empaparte de literatura y asistir a seminarios motivacionales y retiros centrados en la energía. El negocio de la energía está en auge.

Pero parece que, cuanto más intentamos renovar nuestra fuente de energía, más rápido creemos que tenemos que correr para estar a la altura de la familia perfecta o, situándolo en el mundo actual, a la de los famosos, de las Kardashian o de las protagonistas de *The Real Housewives*. Las redes sociales nos hacen creer que existe energía ilimitada y que esta es la clave del éxito. Así que nos lo creemos a pies juntillas y nos imponemos unos estándares imposibles de alcanzar. Creemos que todo el mundo ha descubierto un gran secreto para vivir mejor y que el mantra, el suplemento, la clase de yoga o la barrita energética adecuados serán la píldora mágica que nos ayudará a alcanzar a los demás, para luego sorprendernos y decepcionarnos cuando inevitablemente lleguemos al punto en que no podemos más.

¿Cómo es que todas esas horas en las que he sudado la gota gorda practicando hot yoga no han servido para mantener mi energía a tope? ¿Por qué esta barrita energética no me hace ir brincando de un lado a otro? ¿Es posible que no pueda obtener los beneficios energéticos de la cafeína? ¿Por qué?

A muchas personas les estimulan la dieta y el ejercicio, y no hay duda de que pueden marcar una gran diferencia en lo que respecta a sus niveles de energía y su salud en general. Aunque se trata de un buen punto de partida a la hora de trabajar para aumentar el suministro diario de energía, es posible que la alimentación sana y las clases de ejercicios no suenen emocionantes ni sean lo primero que a uno le venga a la mente cuando se piense en energía. Desde luego, no soy la más indicada en lo que se refiere a rutinas de ejercicio específicas. Pero sé que, aunque solo sea tumbarme en una colchoneta para estirar durante cinco minutos, hacer que el movimiento forme parte de mis días me llena de energía. Y me apasiona todo lo que me estimula de forma positiva.

Y, por supuesto, los suplementos adecuados o una taza de tu café favorito pueden ayudar —me encanta mi Nespresso (¡y los anuncios de George Clooney tampoco están de más!)—, así como los pódcasts interesantes, las lecturas inspiradoras y las charlas motivacionales. Realmente no faltan opciones cuando se trata de encontrar cosas estimulantes. Con el tiempo he aprendido lo que me funciona y lo que no, así que ahora me aseguro de incorporar tantos de estos elementos en mi día a día como sea posible.

ENCONTRAR ENERGÍA EN LO QUE NOS APASIONA

Pero estos trucos solo son una parte del trabajo. Cuando se trata de aprovechar el tipo de energía que necesitas para afrontar tu día con éxito, tiene que haber algo que te impulse de verdad.

**Tu mejor suministro es tu energía espiritual,
y esta siempre está dentro de ti.**

Doy fe: no hay inyección de energía como la que se obtiene trabajando por algo más grande que uno mismo. Eso que te impulsa hacia delante. El empujón que te hace saltar de la cama cada día. Suena a tópico, pero esta es la verdad: cuando haces lo que te gusta de verdad, la energía llega sola. Esto no quiere decir que te encanten todos los aspectos de tu trabajo o de tu papel en la vida, pero en el fondo sabes si la vida que te has labrado es la adecuada. Lo sabes porque te apasiona lo que haces y estás realmente implicado en la función que desempeñas. Y, una vez que lo hayas encontrado, esta pasión fundamental será la que te ayude en esos momentos en los que te encuentres escaso de recursos.

¿Qué te atrae? ¿Cuál es tu misión hoy? ¿Y en la vida? ¿Qué te inspira?

Entre las obligaciones que quizá temes, pero debes cumplir, y otras responsabilidades que te agobian, la realidad de la vida es que no siempre es divertida.

Aunque es fácil llenarse de energía con las cosas que esperamos, especialmente cuando sabemos que son peldaños hacia nuestros objetivos finales, es el trabajo duro que hay entre esos momentos emocionantes —esas tareas laboriosas y momentos desafiantes— lo que pone a prueba la manera en que nos llenamos de energía. Sin embargo, anímate sabiendo que, cuando vives una vida con intención, con un propósito y unos objetivos claros, todo el esfuerzo y el sacrificio del viaje se equilibran. Sentirás que aprovechas reservas de energía que ni siquiera sabías que tenías y perseverarás con pasión y determinación cuando puedas visualizar aquello por lo que estás trabajando y esté casi a tu alcance. Entonces, ¿cómo y dónde puedes encontrar el resorte que propicie tu energía, especialmente cuando te sientas agotado? Lo primero que recomiendo es dar un paso atrás y realinearte con tus intenciones. Tú eres quien dirige cada escenario de tu día a día. Y, aunque no seas capaz de anticiparte a los obstáculos que puedan surgir, depende de ti decidir cómo vas a sortearlos cuando aparezcan.

APROVECHAR LA ENERGÍA DE LOS DEMÁS

También puedes mirar a tu alrededor en busca de inspiración, fuerza y energía. He tenido la suerte de rodearme de personas con ideas afines, individuos cuyos valores y actitudes coinciden con los míos. Pero tener a estas personas en mi órbita no fue resultado del azar. He cultivado conscientemente relaciones positivas y enriquecedoras, tanto en mi vida personal como profesional, y he encontrado una enorme gratificación en tenerlas en mi círculo. Tú eres la suma de la energía y las personas de las que más te rodeas: las influencias externas que ayudan a dar forma a tu día y a tu vida. Incluso si en el entorno que eliges hay pocas personas, como nos ocurrió a muchos durante la pandemia, puedes extraer energía de ti mismo, siempre que practiques un correcto autocuidado. ¿Eres tu mayor crítico o tu mayor animador?

La energía es contagiosa, sobre todo en casa. La energía con la que empiezas cada día y la que traes a casa al final de la jornada se reflejará en las paredes de tu hogar. Esta energía irá de una habitación a otra y seguirá teniendo un efecto sobre ti, al tiempo que afectará directamente a las personas con las que compartes tu vida. Independientemente de las presiones y el agotamiento que pueda sentir por mi vida laboral, mi prioridad es intentar llevar a casa lo mejor de mí a mi familia, valorando el tiempo que paso con ellos y regenerando mi energía con el amor y la inspiración que me aportan.

OBTENER ENERGÍA A PARTIR DE EXPERIENCIAS NEGATIVAS

Pero no siempre ha sido así para mí. Como cualquier otra persona, he luchado y he caído en las trampas de la energía tóxica a lo largo de mi viaje. Tuve que aprender por las malas que, cuando no somos conscientes de nuestra energía y no la protegemos, nos exponemos a cosas bastante espantosas.

A mis treinta y tantos años, estaba casada y ya era madre de tres hijos. Por motivos muy diversos en aquel momento —problemas sentimentales, retos profesionales, necesidad de afirmar mi independencia—, no me sentía feliz. Poco a poco me había ido relacionando con gente tóxica y me estaba dejando llevar por comportamientos sociales aparentemente inofensivos que empezaron a convertirse en hábitos poco saludables y en malas decisiones. Nunca olvidaré el día que lo cambió todo para mí.

Estaba en casa cuando llamaron a la puerta para avisarme de que uno de esos amigos tóxicos había venido a verme. Recuerdo que me quedé de pie en la entrada, escuchando cómo esta mujer y madre me decía que su marido se había ido a pescar, que se aburría en casa y que le vendría bien algo de compañía. Me preguntó si la acompañaba a la vuelta de la esquina para comprar cigarrillos y pasar el rato.

Me di cuenta de que había estado bebiendo —uno de esos comportamientos sociales que últimamente se habían convertido en un hábito—. Aun así, motivada por lo que ahora reconozco que sería una necesidad de distracción, tomé una decisión en una fracción de segundo que por poco no cambió mi vida para siempre. Me subí en su coche, que conducía ella, y nos fuimos a hacer un recado rápido. Recuerdo perfectamente a esta amiga riendo al volante y a las dos sintiéndonos bien en ese momento por estar en compañía mutua. Aún puedo ver el brillo de un gran camión plateado aparcado justo delante, a un lado de la carretera. El sonido de las risas me produjo un malestar visceral al descubrir, demasiado tarde, que esta amiga estaba más ebria de lo que creía; entonces se oyó el chirrido desgarrador de su coche al chocar contra el camión aparcado, el que me había llamado la atención hacía un momento. Se oyó un estruendo y noté un fuerte impacto y una presión abrumadora me recorrió todo el cuerpo. Había empotrado el coche contra el camión y yo recibí la mayor parte del impacto; acabé parcialmente debajo de la parte trasera del otro vehículo.

Fui la única con consecuencias: sufrí profundos cortes que acabarían cicatrizando, feas contusiones y dolorosas fracturas; mi amiga consiguió salir ilesa. Te diré algo: esta experiencia, este «paseo a la vuelta de la esquina» del que casi no vuelvo me hizo enfadarme con una sola persona: conmigo misma. Conforme me fui recuperando físicamente del accidente, empecé a indagar en los acontecimientos de aquel día. Yo era responsable de lo que me había pasado porque yo le había abierto la puerta. Abrí literalmente la puerta a los problemas. Lo sabía, ¿no? ¿Qué podía llevar a una persona inteligente a hacer algo tan estúpido como subirse a un coche con alguien que había bebido? ¿Cómo llegué a tal punto?

En retrospectiva, me di cuenta de que en realidad había *abierto la puerta* a esto mucho antes de aquel día. Había empezado a vivir una doble vida, a relacionarme con personas que eran tóxicas en sus propias vidas y que me habían acogido en su pequeño mundo. En algún momento, me perdí. Había perdido el control y acabé pasando el tiempo con gente que vivía en su miseria mientras yo no quería ver la realidad.

En retrospectiva, nunca debería haberme subido a ese coche, ¡obviamente! Agradezco que mi amiga de entonces saliera ilesa y que mis propias heridas se curaran con el tiempo. Pero la lección de aquel día me quedó grabada a fuego: tu energía atrae energía similar y mi estado de ánimo me había llevado a ese lugar. ¿Qué cambió en mí después de aquella experiencia? ¿Cómo un incidente tan negativo me llenó de energía? Eché un vistazo a mi vida —sin filtro alguno, sin endulzar la situación— y me obligué a enfrentarme a mi realidad: lo bueno, lo malo y lo que me había desencadenado la necesidad de distraerme con personas que no coincidían con mis verdaderos valores. Yo no quería acabar teniendo una vida miserable ni, por supuesto, deseaba terminar siendo el producto de más malas decisiones tomadas en el momento. Me llevó algún tiempo, pero a partir de ahí empecé a sentirme más ligera y llena de energía con cada cambio que necesitaba hacer en todas las áreas de mi vida en las que me sentía infeliz. No era un camino fácil a corto plazo. Eliminar las distracciones y las tiritas temporales significaba enfrentarme a retos difíciles a diario. Pero estaba avanzando hacia una vida mejor para mí y para mis hijos, y nada me motivaba más que saber que cada paso, por duro que fuera, me hacía avanzar en una dirección mejor.

Me atrevería a decir que desde entonces, incluso en los días más sombríos de mi vida, cuando me he sentido más cansada y decaída, mi energía sigue siendo positiva. Realmente es así. Porque sé que los movimientos que estoy haciendo y las cosas en las que estoy invirtiendo mi energía están, de alguna manera, alineadas con mi propósito. Y esto me sirve para recargar las pilas.

EVITAR LOS VAMPIROS ENERGÉTICOS

Aunque asumí toda la responsabilidad de mis decisiones de aquel día y de las cosas que me llevaron a ellas, otra lección importante que aprendí de aquella experiencia fue la siguiente: al igual que las personas adecuadas te aportan de forma positiva y saludable, las personas y circunstancias equivocadas te restan.

Debes tener cuidado con los vampiros energéticos. Son las personas que acuden a los demás con interminables cotilleos, conversaciones agotadoras y energía negativa. No son necesariamente malas personas, pero el peligro es que están tan metidas en la vida de los demás, juzgando y compadeciéndose —normalmente para evitar abordar sus propios problemas—, que consiguen meterte en su ciclo de miseria. Estas personas te atraerán a su atmósfera tóxica y, si no tienes cuidado, acabarás convirtiéndote en una de ellas. Soy la primera en admitir que un chisme jugoso de vez en cuando puede ser entretenido, pero los vampiros energéticos no pueden hablar de otra cosa. Los problemas de los demás parecen alimentar tanto su energía como su propia autoimagen por comparación. Suelen ser poco amables y crueles, por lo que no necesitas ese tipo de energía en tu órbita. Muchos de estos perfiles son capaces de encontrar lo negativo en todo: son víctimas de la vida; los demás son los que están equivocados; nada es nunca culpa suya ni son responsables de nada. Si no puedes evitarlos por completo, asegúrate de establecer límites y evita participar en sus narrativas negativas. Solo porque ellos lo hagan, tú no estás obligado a meterte en esa espiral tóxica. Me acuerdo de una pareja que conocimos una vez en la comunidad de casas donde veraneábamos y que vivía en una propiedad cercana. Cuando se trataba de *juguetes*, los tenían todos: barcos, motos acuáticas y todos los artilugios de alta gama que se pueda uno imaginar. Su casa de campo era el mejor refugio de verano. Era *el lugar*. Recuerdo un fin de semana en particular, en el que todos los vecinos del lago se reunieron y cada uno llevaba una cosa para comer. Esta pareja se presentó con una comida increíble que habían preparado para la ocasión. Pensé: «¡Fantástico! Tienen éxito, son generosos y disfrutan mucho». ¿Quién no se alegraría de algo así? Fue divertido y nos sentimos afortunados y agradecidos por su generosidad.

Uno no pensaría que unos vecinos tan generosos como estos podrían ser objeto de malas vibraciones, ¿verdad? Bueno, pues no todo el mundo puede ver que a alguien le va bien sin sentir punzadas de celos y, por desgracia, tal como es la vida, a menudo hay quien tiene algo negativo que decir. Recuerdo vívidamente que, en la primavera siguiente, un vecino cotilla dio alegremente una «gran noticia». Al parecer, nuestros vecinos, los ricos y generosos, estaban atravesando tiempos difíciles. Las malas lenguas hablaban de problemas económicos que supuestamente los habían llevado al divorcio. Nada de esto era asunto nuestro y no pude evitar sentirme muy disgustada al ver con qué alegría parecía disfrutar este vecino de la miseria ajena. Era perturbador ver cómo alguien que solo se había beneficiado de su bondad no solo podía encontrar emoción en sus dificultades, sino que también podía tener la poca vergüenza de transmitir unas noticias como aquellas de esta manera. ¿Conocéis esa sensación de cuando algo os da vergüenza ajena? Bueno, pues escuchar a este vecino soltar el chisme sobre algo que no tenía nada que ver con él me hizo sentirla.

Moraleja: no malgastes tu valioso tiempo y energía relacionándote con vampiros energéticos. Nada de lo que aportan te va a beneficiar. Además, la vida es corta. Sé amable, desea lo mejor a los demás y preocúpate de ti mismo. Ocúpate de tus asuntos, porque son los únicos que te incumben.

Además de los vampiros energéticos, otra amenaza para tu energía personal suele provenir del espacio donde estás menos en guardia: tu hogar. Y aunque muchas de las cosas que pueden afectarnos en esta área de nuestras vidas se basan en las mejores intenciones y en un sentimiento de amor, todavía necesitamos ser conscientes de cómo nos afectan, reconociendo cuando van más allá de lo normal y se convierten en perjudiciales para nuestra salud física o mental.

Con la llegada de la covid-19, mantener alto el nivel de energía se les hizo especialmente difícil a muchas personas, en parte porque era muy complicado mantener separada la vida doméstica de la laboral. La línea que divide estos dos entornos se difuminó, lo que dificultó encontrar el ritmo adecuado y sacar tiempo y espacio para reponer fuerzas.

Normalmente pensamos en el hogar como un espacio seguro, donde podemos relajarnos y recargarnos, pero al mismo tiempo las situaciones familiares tienden a exigir grandes dosis de energía. En casa es también donde solemos ser más honestos e, incluso, crudos. El peso de las cosas en casa es diferente al de cualquier otro ámbito de nuestra vida porque hay más en juego.

En 2020, el paisaje de nuestros hogares cambió, convirtiéndose de repente en el único entorno durante las 24 horas del día, los 7 días de la semana: el hogar era también nuestra oficina, gimnasio, aula, guardería e incluso destino para una noche romántica. Para algunas personas, su hogar dejó de ser saludable e incluso se volvió tóxico. Para otros, quedarse en casa era una oportunidad de reconectar. Nos esforzamos por cerrar las brechas de comunicación y ajustar nuestra rutina, trayendo gente a nuestra vida personal a través de FaceTime y Zoom. Incluso celebridades como Ellen DeGeneres (¡soy tan fan de ella!) se mantuvieron en contacto con su público grabando desde el salón de su casa.

Independientemente de que nuestro entorno doméstico se viera afectado positiva o negativamente durante esta experiencia, el efecto universal e inmediato fue la reducción de nuestra reserva personal de energía, lo que nos obligó a pasar los dos años siguientes (por ahora) intentando encontrar una nueva forma de vida.

Ahora que el mundo está volviendo a la normalidad, creo que las lecciones que hemos aprendido durante este tiempo nos han ayudado a reimaginar nuestro paisaje doméstico y familiar y nos han enseñado cómo pueden servirnos y no perjudicarnos. Esto significa ser muy conscientes de cómo hacemos uso de nuestros recursos personales en casa. Para la mayoría de la gente, la familia lo es todo. Y siempre vamos a intentar dar el cien por cien a nuestros seres queridos. Pero no puedes dar lo que no tienes, así que, si estás trabajando sin descanso para mantener a todos contentos (cosa que entiendo), vas a tener que dar un paso atrás y evaluar. ¿Estás asumiendo responsabilidades que podrían repartirse entre los demás en casa? ¿Te estás excediendo cuando en realidad podrías relajarte un poco y tomarte un respiro? En el fondo, le damos a nuestra familia lo mejor de nosotros mismos por amor. Pero, cuando aprendas a establecer unos límites sanos y a crear un entorno más equilibrado en casa, te resultará mucho más fácil disfrutar del tiempo que pasas en casa y, sobre todo, del tiempo que pasas con tu familia.

ENCONTRAR TUS PROPIAS ESTRATEGIAS PARA AUMENTAR LA ENERGÍA

Insisto: la pasión inspira energía y la familia —como una de tus mayores pasiones— puede ser de donde obtengas el combustible que necesitas. Pero ¿y si no has encontrado esa pasión que te da energía? ¿De qué puedes depender para recargarte?

Cada persona se embarca en su propio viaje y avanza a su propio ritmo. Reconocer que aún no has alcanzado tu propósito es el primer paso importante. A partir de ahí, se trata de invertir tiempo y esfuerzo en descubrir qué es lo que quieres de la vida.

¿Qué es lo que te hace sentir bien? ¿Qué te hace sentir vivo? ¿Qué te pone nervioso? ¿Qué podría impulsarte a salir de tu zona de confort? ¿Qué significa el éxito para ti? Encontrar tu pasión —tus pasiones— puede ser un ejercicio que dure toda la vida, pero eso no significa que tengas que esperar eternamente para encontrar tu fuente de energía. El proceso por sí solo puede ser estimulante. Y, por supuesto, tu intención puede guiarte, darte energía y mantenerte centrado.

Mientras tanto, hay muchas otras fuentes de energía y estrategias a las que puedes recurrir. En un mundo en el que aparentemente todo lo que te rodea agotará tu energía si se lo permites, tienes que convertirte en tu propia fuente de energía. Confía en ti mismo para tener la fuerza y la capacidad de seguir adelante. Sé tu mejor fan y mantén unos límites. Y, como hemos dicho antes, las pequeñas cosas importan, así que nunca está de más tener un par de estrategias rápidas para hacer de la recarga de energía uno de tus hábitos diarios.

Un truco es ducharse con agua fría, ¡en serio! Al mejorar la circulación sanguínea, el agua fría ayuda a aumentar el estado de alerta. Además, reduce los niveles de estrés, mejora el sistema inmunitario e incluso estimula la pérdida de peso. Me dan escalofríos solo de pensarlo, pero, si tenemos en cuenta todos sus beneficios, merece la pena añadir aunque solo sea un minuto de agua fría a nuestra ducha diaria.

Otro truco que puede practicarse a diario es seguir algunos rituales personales. Puede consistir en leer o recitar una cita que te guste y hayas guardado en el teléfono para que puedas acceder rápidamente a ella, inspirarte en imágenes que vayan contigo (Pinterest funciona realmente bien) o escuchar un audio motivacional que hayas guardado para cuando necesites un recordatorio. Puede ser algo breve y sencillo, no tiene por qué ser un día completo de spa. Una canción, una vela, cualquier cosa que te resulte familiar y que pueda darte lo necesario en un momento dado te ayudará a reponer fuerzas.

Conservar la energía puede ser tan importante como potenciarla, por lo que mi tercer truco consiste precisamente en eso. Tengo un dicho en el trabajo: «Deja el equipaje en la puerta antes de entrar». También insisto en que a casa no nos llevemos los problemas del trabajo. Cuando adquieres el hábito de llevarte los problemas externos a tu vida familiar o laboral, te das una excusa para perder la concentración y dejar que cualquier energía negativa interfiera con las cosas positivas que están sucediendo. Pero, cuando adoptas el hábito de compartimentar tu vida, puedes evitar que el drama entre donde no debe. Establecer límites puede ayudarte a pasar de un entorno a otro sin exceso de equipaje. No puedes huir de tus problemas, pero tampoco debes obligarte a llevar contigo todo el día el peso de cada uno de ellos. Ocúpate de lo que necesites en su momento, sin darles acceso a todos los demás rincones de tu vida. Protege tu cordura, tu espacio y tus reservas de energía con límites sanos y siendo consciente de cómo te afectan los demás.

Por último, mantente positivo, incluso ante los fracasos, y conserva siempre la capacidad de reírte de ti mismo. Tienes todo lo que necesitas dentro de ti y, hasta ahora, ya has sobrevivido al cien por cien de tus peores días. ¡Lo has conseguido!

MEDIDA N.º 10: PRACTICA LA RECARGA DESDE DENTRO.

Identifica a las personas de tu vida que te aportan energía. Haz un inventario de todo aquello que en tu entorno laboral y doméstico te resta energía. Y concibe un sencillo ritual personal diario que pueda ayudarte a recargar al instante sin invertir demasiado tiempo ni dinero.

Gestiona tu presencia en las redes sociales

«Si estás en las redes sociales y no aprendes, no te ríes, no te inspiras o no te relacionas, entonces las estás usando mal».

GERMANY KENT

Hace poco me tomé un descanso de casi un año de las redes sociales. Desconecté de mi página personal y me tomé una pausa. Estábamos aún en medio de la pandemia y las plataformas de las redes sociales batían récords de participación. En ese momento, entre otras cosas, me enfrentaba a un pequeño problema de salud y, para ser sincera, las redes sociales empezaron a suponerme un gran esfuerzo. Me estaban llevando en una dirección que no me convenía y me exigían una puesta al día constante. Tampoco quería publicar por publicar, sino hacerlo solo si me salía de dentro.

Así que me tomé un descanso. ¿Y sabes qué? Sobreviví.

La pausa me dio el tiempo y el espacio que necesitaba para reevaluar cuál quería que fuera mi espacio en este mundo de las redes sociales. Hasta que no supiera cuál era, preferí darles un descanso.

Mi ausencia no pasó desapercibida y no transcurrió mucho tiempo antes de que la gente empezara a darse cuenta. Lo admito;

era halagador saber que muchos se habían percatado de que me había desconectado de las plataformas. Mi comunidad en línea seguía siendo una red de muchas personas que formaban parte de mi vida real, tanto la personal como la profesional, así que sabía que podían sentir cierta curiosidad. Apreciaba que dijeran que echaban de menos mis publicaciones y mis divertidos vídeos, pero aún tenía que averiguar hasta qué punto las redes sociales eran relevantes para mí.

En ese momento había unos tres mil quinientos millones de usuarios activos de redes sociales en el mundo. Esto equivale, y no exagero, a casi la mitad de la población mundial. La mitad de los seres humanos que viven y respiran en este planeta estaban en línea. Es alucinante pensar lo lejos que hemos llegado en solo veintitantos años, cuando se lanzó la primera plataforma de medios sociales, SixDegrees (¿alguien la recuerda?). El concepto mismo de red social en línea era completamente ajeno a la mayoría de nosotros y, en solo tres décadas, nos hemos unido a escala mundial para compartir nuestros mundos en la red.

Esta idea de conexión a distancia ha transformado totalmente las reglas del juego en términos de interacción social. Y, aunque admito que al principio tenía mis dudas sobre el papel que las redes sociales podían (o debían) desempeñar en mi vida, ¡tengo que decir que he cambiado de opinión! Considero que el poder de las redes sociales reside en sus usuarios. La tecnología en sí es casi perfecta, muchas de las plataformas son gratuitas y el alcance es ilimitado, pues todo el mundo está invitado a participar. Que tenga éxito o fracase depende de la variable humana. Depende de nosotros.

Ahora bien, con medio mundo observando, existen algunos riesgos y trampas importantes que hay que evitar en las redes sociales, por lo que se debe prestar atención en todo momento para mantener una relación satisfactoria con el mundo *online*.

La primera recomendación es que no debes sentirte demasiado cómodo con tu presencia en internet, porque la tentación es compartir más de lo debido. Como en cualquier otro ámbito de la vida, establecer límites claros en tus relaciones es saludable y necesario para tu autocuidado y tu cordura. Esto también se aplica a la comunidad *online*. Relacionarse con las redes sociales sin filtros no es ser auténtico, sino irresponsable. Recuerda que lo que figura en internet perdura, así que antes de publicar algo de lo que te puedas arrepentir —desde tuits por enfado que puedan ofender a alguien hasta imágenes de una noche de fiesta con amigos— tómate un minuto para pensarlo. Si sigues pensando que merece la pena compartir el mensaje (con tres mil quinientos millones de personas), no lo haga aún y consúltalo con la almohada. Más vale prevenir que curar.

Conocer a tu público también es imprescindible. En la vida real, la forma en que nos presentamos varía un poco según el entorno. No te soltarías la melena en el trabajo de la misma manera que en casa y tu trato con los colegas difiere de la forma en que te comportas entre amigos íntimos. No es falsedad, es sentido común. Al fin y al cabo, sigues siendo tú mismo. Solo tienes que conocer a los receptores y actuar en consecuencia.

En cambio, en redes sociales como Instagram es diferente, pues existe el riesgo de tergiversación involuntaria. Puede que estés dispuesto y ansioso por compartir un gran contenido, pero, como no siempre tienes el espacio necesario para contextualizar, puede que los espectadores no sepan si hablas en serio o con sarcasmo. Puede que consideren polémico algo que tú no veías así. O que se sientan ofendidos por un mensaje cuyas posibles repercusiones ni siquiera se te habían pasado por la cabeza. La lista de posibles errores es interminable. No es como compartir una historia de principio a fin con gente escuchándote delante de ti. En plataformas como Instagram, todo se reduce a una imagen que se presenta al mundo con unas pocas palabras y un par de *hashtags* que la acompañan. Y luego ya está ahí para que la gente la interiorice, la interprete y la juzgue como quiera.

Otra cosa importante en la que pensar es cómo encaja tu vida y rutina diaria en las redes sociales. Se podría pensar que exagero, pero he visto a mucha gente a mi alrededor fracasar en las redes sociales tanto personal como profesionalmente o fracasar en otros aspectos de la vida a causa de ellas. En 2021, los usuarios estadounidenses de entre dieciocho y treinta y cuatro años tenían una media de ocho cuentas en redes sociales, y estas cifras no han dejado de crecer. Con tantas plataformas de redes sociales gratuitas y de fácil acceso, existe el riesgo de que te distraigas fácilmente de otras cosas importantes en tu día a día.

Piénsalo: ¿cuántas veces te levantas, tomas el móvil antes de salir de la cama y te sumerges en Instagram? Antes de que te des cuenta, ha pasado una hora (¡o más!) y no has hecho nada en todo ese tiempo, salvo compartir unos cuantos vídeos virales, algunos memes divertidos y ver las actualizaciones de las vidas de quienes han publicado esa mañana. No es exactamente algo productivo. Y, aunque no hay nada malo en participar de la diversión de las redes sociales, hay que tener cuidado de no perder de vista entretanto la vida real.

Esa distracción también tiene otro tipo de repercusiones. Cuando pasamos tanto tiempo siendo espectadores de las vidas brillantes —y pasadas por filtros— de los demás (como siempre parecen ser), nos distraemos de la realidad y de lo que realmente importa. No me malinterpretes: puede ser divertido jugar con algunos de esos filtros; puedo admitir que me gustaba la opción, que tanto favorece, de la «cámara de belleza». Pero no malgastes el día viviendo en ese espacio, obsesionándote con rostros perfectos y publicaciones seleccionadas; aquí fuera, en el mundo real, es donde está la acción.

En una emisión de la CNN del año 2021, el célebre presentador de noticias Anderson Cooper habló con franqueza de su opinión sobre las redes sociales, especialmente en lo que respecta a sus efectos en los jóvenes, así como de sus propias experiencias con las redes. Admitió que le gustaban las plataformas como Instagram porque le permitían interactuar con amigos y navegar por páginas que respondían a sus intereses específicos, pero que el inconveniente eran los efectos secundarios, que a menudo le afectaban.

No hay duda del valor de entretenimiento y los beneficios obvios de las redes sociales, pero la sobreexposición ha hecho mella en la capacidad de muchas personas para mantener una línea divisoria clara entre fantasía y realidad. Por no hablar del impulso natural de comparar nuestras propias vidas con las de los demás, que vemos a través de sus perfiles en internet.

Recuerda: no compites con la gente cuyas vidas ves en internet; todas esas imágenes seleccionadas no reflejan en su conjunto la vida de nadie.

Así que ¿cómo debes configurar tu espacio en las redes sociales? Todo depende de si tus perfiles son privados (y, por tanto, están reservados a amigos íntimos y familiares) o públicos (lo que implica que están disponibles para que todo el mundo los vea sin restricciones). Otra consideración que se debe tener en cuenta es si quieres crear una plataforma profesional y construir tu marca en internet o si se trata de un espacio de diversión, diseñado para llegar a personas con intereses comunes y alimentar tu lado creativo. Ser capaz de definir estos dos aspectos te acercará a la definición de tus objetivos con las redes sociales y te permitirá sacar el máximo partido a tu experiencia diaria con ellas.

Tus intenciones y la cantidad de tiempo que dediques a gestionar las redes sociales determinarán lo que saques de ellas.

En el mundo de los negocios, lo cierto es que no se pueden evitar las redes sociales. Es un motor de proporciones épicas que desempeña un papel fundamental en casi todos los sectores profesionales existentes. En pocas palabras, si quieres prosperar en tu trabajo, vas a tener que incorporar el mundo *online* a tu rutina diaria. Todo empieza con una intención, como todos los demás hábitos de tus ciclos de 24 horas. Tienes que saber qué esperas obtener de la experiencia de compartir en redes sociales antes de decidir qué vas a publicar.

Solo en 2019 se gastaron noventa mil millones de dólares en publicidad en redes sociales. En la actualidad, unos quinientos millones de usuarios de Facebook ven ocho mil millones de vídeos cada día y en Instagram se comparten más de noventa y cinco millones de fotos diariamente. Existe una importante base de clientes potenciales que crece a cada minuto y tú tienes una línea directa con ellos sin restricciones geográficas ni temporales. Si tu intención es dirigir mensajes a un público que ya siente curiosidad por tu producto o mensaje, puedes gestionar tu contenido. Y, si tu intención es llegar a mucha gente nueva de forma asequible, las redes sociales también te ofrecen muchas opciones para lograrlo.

Otra intención que impulsa gran parte de la actividad en las redes sociales es el deseo de obtener información rápida sobre la audiencia y el sector en que uno trabaja. Casi todas las plataformas ofrecen información que permite a los usuarios ver cómo funciona su contenido, a quién le llega y cuándo y dónde es más eficaz. Esta información también ayuda a estar al tanto de las tendencias del sector e incluso a comparar las estrategias de medios que se utilizan con las de los competidores, lo que puede allanar el terreno de juego entre usuarios de distintos tamaños y con distintos recursos.

Pero, independientemente de tu intención, una de las mejores cosas que ofrecen las redes sociales es que te permiten mostrar lo original que eres y utilizar tu propio estilo y creatividad en tu beneficio. Por lo que tu mayor ventaja aquí eres tú. Puede que estés promocionando el mismo negocio que muchos otros o que estés intentando aumentar el número de seguidores entre un mar de cuentas similares, pero tú eres original. Definir lo que ofreces te permitirá entrar en esta red social con límites y objetivos claros, dejándote libertad para ser creativo.

Tengo agentes que captan nuevos clientes participando en divertidos vídeos de TikTok, que son tendencia, y otros que se hacen virales con sencillos y pegadizos *reels* de Instagram. Es increíble ver cómo un vídeo sencillo pero innovador que invita a visitar una casa, con el ritmo, los efectos visuales y el audio adecuados, puede convertirse en viral y conseguir millones de visitas.

Conozco el poder de la máquina de las redes sociales porque veo cómo se desarrolla de nuevas formas cada día y lo utilizo como mi espacio para inspirar. Soy sincera con mis seguidores y ofrezco atisbos de mi vida cotidiana que son relevantes para lo que quiero contar. Apoyándome en la positividad, la motivación y la autenticidad, hago saber a los demás lo que me funciona y lo que me entusiasma de la vida. A cambio, conozco y escucho a personas de todo el mundo que comparten mi energía.

Pero ¿cómo lo he convertido en un hábito? La verdad es que publico cuando me apetece y creo que mi entusiasmo genuino por los momentos y las cosas que decido compartir se percibe mejor así. Considero que la clave para crear hábitos es organizarse y ser constante. Así que, aunque lucho por no publicar a menos que algo me parezca bien, sé que esta plataforma es una herramienta que debe gestionarse de forma coherente y fluida. Tengo la suerte de contar con un equipo de redes sociales que me ayuda a hacer más manejable este conflicto. Ellos se encargan de la participación y la programación y mi hábito en este caso se ha convertido en comprobar mis redes sociales una vez al día y recibir las actualizaciones de mi equipo. No todos los hábitos requieren un gran compromiso; a veces basta con encontrar una forma diferente de llegar al mismo resultado.

MEDIDA N.º 11: ANALIZA TU HUELLA EN LAS REDES SOCIALES, TOMANDO DECISIONES CONSCIENTES SOBRE EL PAPEL QUE DESEMPEÑAN EN TU VIDA Y ESTABLECIENDO LÍMITES CLAROS SOBRE EL TIEMPO QUE ESTÁS DISPUESTO A DEDICARLES CADA DÍA.

¿Tu presencia en internet representa tus intenciones personales o profesionales? ¿Estás presente en las plataformas adecuadas? ¿Prestas atención a la forma en que participas? Recuerda: hay más de tres mil quinientos millones de personas conectadas... ¡esperándote! No te prives de la interacción y el entretenimiento si eso es lo que te interesa, pero establece algunos límites para ser responsable con respecto a cuánto tiempo le dedicas al mundo *online*.

Haz balance

«No se puede tener una vida con sentido sin introspección».

Oprah Winfrey

UNO DE LOS HÁBITOS Y HERRAMIENTAS DE CRECIMIENTO más poderosos que puedes poner en práctica es la introspección, que me resulta especialmente útil cuando el día se acerca a su fin. En un solo día ocurren muchas cosas y puede parecer que todo pasa muy rápido. Es posible que a menudo te preguntes: «¿Cómo es que ya son las seis? ¡Cómo se ha pasado el día!».

Mis jornadas son caóticas, pero no en el mal sentido. Tengo tanto que hacer que, algunos días, parece que pestañeo y ya son las seis de la tarde. (Aunque tampoco es que una hora en concreto signifique mucho para mí: salgo de la oficina cuando termino, no cuando me lo indica el reloj). Puede ser tentador encogerse de hombros y decir: «Bueno, otro día que pasa volando». Pero no es así como crecemos, ¿verdad?

El crecimiento viene del conocimiento de uno mismo, por lo que hacer un balance personal cada día tiene que ver con la reflexión, la responsabilidad y los pasos que uno debe seguir. Sí, definitivamente puede parecer más trabajo, de ahí la tentación de no hacerlo. Estás cansado. No puedes más. Estás deseando relajarte. Lo último que te apetece es rebobinar los acontecimientos del día. Lo comprendo. Eres humano, no un robot.

Pero la cuestión es la siguiente: si no observas, e incluso mides, tu progreso diario, no puedes saber si vas en la dirección correcta o no. Hacer balance es también una forma de hacer borrón y cuenta nueva para el día siguiente. ¿Por qué guardar esos ladrillos en la mochila? Haya sido bueno o malo, no tiene sentido pasar del hoy al mañana sin más, así que ¡manos a la obra!

Contrariamente a lo que puedas pensar, la introspección, o hacer el balance del día, no es la tediosa tarea de repasar los acontecimientos del día y asegurarte de que has completado todas las pequeñas cosas que tenías en la agenda. Para nada. Se trata más bien de hacer una reflexión diaria eficaz.

El *Diccionario de la lengua española* define la introspección como la «mirada interior que se dirige a los propios actos o estados de ánimo»; añadiría también «y en las razones que pueden estar detrás de ellos». Eso se acerca más a lo que yo quiero decir, pero la doctora Geil Browning, gran creyente en el poder de la introspección, va un poco más allá. Es fundadora y directora general de Emergenetics, una empresa que utiliza perfiles de comportamiento basados en la genética y las experiencias vitales para ayudar a las personas a comprender el porqué de sus patrones de pensamiento y comportamiento. Para ella, la introspección es «una forma profunda de aprendizaje que nos permite retener todos los aspectos de cualquier experiencia». Describe cómo, al practicar la introspección, uno es realmente capaz de ver cada experiencia vital y determinar por qué ocurrió, su impacto y si le gustaría que volviera a ocurrir, en lugar de limitarse a recordar la experiencia. Nos ayuda a centrarnos en lo que es verdaderamente importante para nosotros.

Por tanto, hacer balance no tiene tanto que ver con los hechos ocurridos como con lo que los impulsaron y el impacto —positivo y negativo— que tuvieron en ti después.

Piensa en todas las decisiones y acciones que tomas en un solo día. Ahora imagina tener una idea real de lo que te ha llevado a tomar esas decisiones. Comprender tus propias motivaciones y reconocer dónde puedes estar desviándote de tus intenciones y objetivos es clave para mantenerte en el buen camino cada día. Comprometerte a vivir tu propósito y a trabajar para alcanzar tu máximo potencial también te ayuda a rendir cuentas y a reconocer tus propios errores y desencadenantes.

Pero la responsabilidad no tiene por qué consistir en avergonzarte por los momentos menos buenos del día o en considerarlos un fracaso. Puedes dejar a un lado la culpa y abrirte a aprender de tus errores, porque forman parte del proceso. Se trata de crecer.

¿Cuál es el mejor momento para practicar la introspección? Aunque se puede hacer en cualquier momento, a mí me resulta más útil al final del día; aunque no es lo último que hago.

Piensa en ello. ¿Alguna vez te has despertado de un sueño extraño y te has sorprendido al recordar tantos detalles? Los personajes, los lugares, incluso las cosas estrafalarias que ocurrían... todo sigue vivo en tu mente. Ahora bien, ¿alguna vez has intentado recordar ese mismo sueño unas horas más tarde? No es tan fácil. Lo mismo ocurre con los acontecimientos del día, ya que los detalles de tus recuerdos cotidianos empezarán a desvanecerse cuanto más esperes para reflexionar sobre ellos. Según el psicólogo alemán Hermann Ebbinghaus, creador de la teoría de la curva del olvido, nuestro cerebro olvida una media del 70 % de la información nueva en 24 horas. Por eso, muchas personas de éxito deciden encarar el último capítulo del día reflexionando sobre sí mismas, antes de que esos recuerdos se difuminen o se olviden por completo. No esperan hasta que la jornada termine del todo. Aunque dedicar tiempo a la introspección requerirá cierto esfuerzo si es la primera vez que lo haces, no siempre será así. Al igual que todos los hábitos y comportamientos diarios de los que hemos hablado, esta es otra de esas cosas que, con la repetición, acabará convirtiéndose en una tarea casi automática: tu mente la pondrá en marcha en un momento determinado cada día, a medida que te hagas al hábito y te permita entrar, cada vez con más facilidad, en un estado reflexivo.

¿Cómo se hace exactamente un balance personal? Los detalles dependen de ti, pero la clave está en asegurarte de que miras a través de la lente adecuada. Recuerda que el objetivo no es simplemente rememorar los acontecimientos del día. Ya los has vivido una vez y eso es suficiente, ¿verdad? El objetivo debe ser echar un vistazo a tu día para aislar los momentos en los que se alcanzaron logros o se cometieron errores. En otras palabras, aísla los altibajos y sigue a partir de ahí. Puedes llevar un diario en el que apuntes algunos de tus pensamientos o los pasos que te gustaría dar al día siguiente. También puede ser simplemente un plan mental que te traces en el pensamiento, sea cual sea la forma que elijas para llevar a cabo tus próximos pasos.

¿Necesitas ayuda para ponerte manos a la obra? En este caso, pregúntate lo siguiente:

«¿Cuáles han sido los mejores momentos del día? ¿Y los peores?».

«Estoy agradecido por los acontecimientos del día, pero ¿siento que podría haberlo hecho mejor en algún aspecto?».

«¿Me siento más cerca de mis objetivos? ¿Mi proceso de toma de decisiones hoy ha alimentado mis objetivos a largo plazo? Si no es así, ¿por qué?».

«¿Qué he hecho (o dejado de hacer) hoy que me gustaría hacer diferente mañana?».

Hacerse estas preguntas es la parte fácil. Dar con respuestas sinceras puede ser un poco más difícil. Pero merece la pena. Siempre merece la pena dedicar tiempo y energía a profundizar y ser sincero con uno mismo para identificar los errores, los desencadenantes problemáticos y los patrones improductivos para poder tomar decisiones diferentes en el futuro. Y la razón por la que agradecerás practicar esto a diario es que un solo día puede cambiarlo todo.

Nunca se sabe qué lección oculta o momento clave de un lapso de 24 horas puede salir a la superficie para presentarte una oportunidad de crecimiento y catapultarte hacia tu mejor vida.

Una ventaja añadida de esta práctica es que nos ayuda a mantener o recuperar el control. En 2020, nuestras vidas dieron un vuelco para adaptarse a un mundo que cambiaba rápidamente, la mayoría de las veces sin nuestra participación ni nuestro control. Seamos sinceros: no nos sentó nada bien. A nadie le gusta ceder las riendas y no es muy reconfortante saber que las cosas pueden cambiar en un abrir y cerrar de ojos, de un día para otro. Pero no podemos dejar que las cosas que escapan a nuestro control nos consuman. Los tiempos de lucha y crisis vendrán y se irán, y aprender a reconocer el impacto que los factores externos tienen sobre nosotros, en un día cualquiera, es lo que nos capacitará para seguir adelante. ¿Por qué no aprovechar al máximo las cosas que están bajo nuestro control? ¿Por qué no cambiar de perspectiva y ver esto como el momento definitivo para el crecimiento personal?

Tu vida importa. Tu tiempo importa. Lo que haces cada hora importa, incluidas las lecciones que te llevas de un día para otro, y la introspección es la herramienta que utilizamos para contrarrestar la pérdida de control. Nos da la oportunidad de viajar en el tiempo al pasado reciente, señalar los agujeros de nuestros días, reproducir los momentos que desearíamos que hubieran sido diferentes e incluso volver a celebrar los logros diarios. A través de este proceso, básicamente recuperamos el día y, aunque no podemos cambiar nada de lo ocurrido, podemos mirarlo con otros ojos y aprender de ello.

Incluso te sentirás mejor con los momentos no tan buenos, sabiendo que los has evaluado, que te has apropiado de ellos y que has elaborado un plan para mejorarlos en el futuro.

Puedes acceder a los altibajos, elaborar estrategias para el futuro y, lo que es más importante, sentirte bien por haber tomado el control de los acontecimientos. Al fin y al cabo, puede que no siempre sientas que diriges el barco, pero, cuando asumes la responsabilidad de tu día y encuentras las lecciones ocultas y el lado positivo, reaparece la oportunidad de volver a ponerte al timón.

Una vez que aprendes a convertirlo en una práctica habitual, hacer un balance diario puede resultarte muy agradable. Ya no pasarás de un día a otro sin saber cómo has llegado hasta allí.

Así que, antes de que te acomodes demasiado encarando la última parte de cada una de tus jornadas, ¡recuerda rebobinar!

> **MEDIDA N.º 12: MAÑANA, CUANDO VAYAS A AFRONTAR LA PARTE FINAL DEL DÍA, TÓMATE UN MOMENTO PARA HACER UNA PAUSA, RESPIRA Y REPASA, ASIMILÁNDOLO TODO, JUGADA A JUGADA.**

Hazte algunas preguntas clave a lo largo del camino. Te sorprenderá lo valioso y reconfortante que puede ser todo lo que aprendas en ese breve balance.

Practica la gratitud

«Creo que debes centrar tu vida en observar las pequeñas cosas, porque un día mirarás atrás y te darás cuenta de que en realidad eran grandes cosas».

JAY SHETTY

NO DOY NADA POR SENTADO. NUNCA.

Con el tiempo he aprendido a reconocer y apreciar los grandes momentos de buena suerte que he tenido en mi vida. Nací en el seno de una familia con padres buenos, cariñosos e inspiradores que se separaron de los suyos y dejaron atrás todo lo que conocían para trasladarnos a mis hermanos y a mí a donde creían que estaban nuestras mayores oportunidades. Sus sacrificios tempranos y todo lo positivo que esto me proporcionó más tarde son una fuente fundamental de gratitud para mí, y a menudo reflexiono sobre ello.

No todo el mundo tiene la suerte de contar con esta temprana bendición y, para algunos, los factores externos los pondrán en desventaja desde el principio. Pienso en la guerra de Ucrania. Es algo inconcebible y desgarrador. Personas corrientes —niños, padres, familias enteras— lo han perdido todo por causas ajenas a su voluntad. Personas inocentes de ambos bandos están pagando el precio de las decisiones indefendibles de quienes están en el poder.

Ahora más que nunca, reconozco cómo la suerte que tuve, como el desinterés de unos padres inmigrantes dispuestos a hacer cualquier cosa por su familia, me ha ayudado a convertirme en la persona que soy hoy. Y me ha enseñado que la gratitud debe practicarse: hay que pensar en ella, reflexionar sobre ella y luego convertirla en algún tipo de acción o gesto.

La gratitud no es automática. Es una elección. Y hay que practicarla conscientemente, todos los días.

¿No es curioso que tantas personas parezcan estar esperando para ser agradecidas? No hacen más que trabajar, avanzando hacia sus metas y sueños, mientras piensan que, una vez que tengan todo lo que siempre han deseado, solo entonces vendrá la gratitud. Siento decírtelo, pero esto no es la realidad. La gratitud no es un sentimiento que simplemente aparece una vez que alcanzamos nuestros objetivos, como una especie de recompensa por el éxito que te recuerda todas las cosas buenas de tu vida. Si lo ves así, solo conseguirás cansarte de esperar algo que quizá nunca se materialice.

La gratitud es una práctica consciente que recomiendo como hábito diario, otro que requiere trabajo y esfuerzo. Hay que dedicar un tiempo al día para hacer una pausa y aprovechar estos sentimientos, sobre todo en los días en los que más nos cuesta. Esto puede parecer lo más difícil, pero es una buena noticia saber que la capacidad de expresar gratitud no es algo con lo que se nace ni un rasgo de la personalidad.

**La gratitud es una actitud que eliges adoptar
y desarrollar.**

Todos somos capaces de ser agradecidos; no es algo reservado a unos pocos elegidos. Aun así, la realidad es que a algunas personas les resulta más fácil sentir gratitud que a otras. Y no hay que avergonzarse por descubrir que no se tiene una disposición natural para ello (al menos todavía), siempre y cuando se reconozca que se trata de un área de la vida cotidiana en la que se podría poner más empeño.

Para tu información, no estás solo. El hecho de que haya tantos artículos e incluso libros enteros sobre la gratitud sugiere que somos muchos los que trabajamos en ello. A veces se trata simplemente de que nos olvidamos de incluir la gratitud en nuestra vida diaria. Pero a veces no nos damos cuenta de lo necesaria que es como pieza del rompecabezas de nuestro día. Es cien por cien necesaria, especialmente en los tiempos más difíciles, cuando sucede lo que no podemos controlar. Nadie está exento de las curvas de la vida. Créeme, es cuando las cosas se ponen feas cuando querrás tener puntos de gratitud en los que centrarte y que te ayudarán a mantenerte a flote y con actitud positiva.

Quizá te preguntes: «¿Por qué es tan importante detenerme y expresar mi gratitud cada día?».

Permíteme que te haga primero una pregunta: ¿por qué hacemos lo que hacemos, cada día y durante todo el día? ¿Cuál es la razón principal y universal por la que seguimos adelante, día tras día?

La felicidad.

Hacemos lo que hacemos por nosotros mismos y por las personas que queremos, en busca de la felicidad y con el objetivo de convertir nuestros sueños en realidad.

Pienso en los primeros días de mi carrera, cuando parecía que tenía todas las de perder y ninguna garantía de que algo de lo que estaba haciendo fuera a funcionar. Tenía esperanzas, claro, y era muy trabajadora, por supuesto, pero un ingrediente de la mezcla del que no podía prescindir era la gratitud. Agradecía cada día que, tras tantos cambios importantes en mi vida, incluido un divorcio traumático, tuviera una segunda oportunidad para volver a encarrilarme. Después de perder mi casa y tener que mudarme con mis hijos tres veces en un solo año, me sentía fracasada, mientras una presión insuperable de responsabilidad pesaba sobre mí, con la desesperación de garantizar la estabilidad y el bienestar de mis hijos. Pero, incluso en los momentos más bajos, me aferraba a un sentimiento de gratitud por el hecho de que, con mis hijos a mi lado, no estaba sola. Incluso en los peores días, cuando parecía que la niebla no se iba a disipar, estaba enormemente agradecida por tener el regalo de mis hijos, que se convirtieron en mis faros de luz. Fue mi dedicación y responsabilidad hacia ellos lo que me ayudó a encontrar oportunidades que de otro modo no habría sido capaz de ver.

Recuerdo que, tras el divorcio, poco después de la tercera mudanza con mis hijos, viví uno de mis momentos más bajos. Apenas nos habíamos instalado en nuestra vivienda de alquiler, cuando el casero me dijo que iba a venderla. «No, por favor. Otra mudanza para mis hijos, no», pensé. Todavía puedo sentir cómo el pánico me subía por el pecho. Me sentí una perdedora total. Estaba destrozada. Pero recuperé la compostura y empecé a pensar en una solución. Mentalmente no fue un cambio fácil de hacer, pero, cuando la vida y la estabilidad de las personas que quieres están en juego, encuentras la fuerza interior para seguir adelante. Me centré en la situación que tenía delante. No quería volver a trasladar a mi familia, pero aquel piso estaba a punto de ponerse a la venta. Así que pensé en cómo podría comprarlo. Sin dinero, la solución no estaba muy clara, pero sabía que no tenía nada que perder si ideaba una estrategia y una propuesta. Hablé con el propietario y le agradecí la oportunidad de vivir allí, aunque solo fuera brevemente, a la vista de sus planes de venta. Le pregunté si, dado que mi familia y yo ya estábamos instalados, consideraría la posibilidad de una opción de compra por mi parte.

Podría haberse reído en mi cara. Podría haberme dicho que no. Pero debía encontrar la manera de que el plan funcionara, por mis hijos. Y creo firmemente que mi planteamiento sincero de la situación, con gratitud y una estrategia clara para que aquel hombre la considerara, marcó la diferencia aquel día.

Reconozco que no todo el mundo siente que tiene gente a su lado, así que, por duro que sea, puedes estar agradecido contigo mismo como tu mayor fan. La gratitud a uno mismo es un buen punto de partida.

Recuerdo haber visto la película *El lado bueno de las cosas* (en otros países se estrenó como *Los juegos del destino*), que se centraba en dos personajes principales, interpretados por Bradley Cooper (como Pat) y Jennifer Lawrence (como Tiffany). Cada uno luchaba con el peso de algo devastador: Tiffany con su depresión y Pat con el trastorno bipolar. En una escena especialmente conmovedora, Pat comparte su visión sobre la vida, que aprendió durante su estancia en el hospital. Dice que, en última instancia, hay que hacer lo que sea necesario, esforzándose al máximo y manteniendo una actitud positiva en el camino, si realmente se quiere tener una oportunidad en «el lado bueno de las cosas». Dedicación, esfuerzo y esperanza: eso es lo que aprendí de la escena.

Eso es lo que siento por la gratitud. Es ese resquicio de esperanza en la oscuridad, algo positivo, algo a lo que uno se aferra y que alimenta las semillas de la esperanza de que vendrán días mejores. Y es a través de canalizar la gratitud como somos capaces de alcanzar y construir nuestra felicidad. La escritora Melody Beattie dice que la gratitud «convierte lo que tenemos en suficiente, y más. Convierte la negación en aceptación, el caos en orden, la confusión en claridad. [...] [la gratitud] da sentido a nuestro pasado, trae paz para hoy y crea una visión para el mañana».

Como ya hemos dicho, puede ser especialmente difícil encontrar la gratitud en la era de las redes sociales. Vemos todas esas imágenes brillantes y que irradian felicidad, y perdemos de vista el hecho de que no todo es tan perfecto como nos lo presentan. Inconscientemente absorbemos las imágenes y los estilos de vida que se nos dan como hechos y nos imponemos estándares imposibles. Y, aunque algunas personas son capaces de interiorizar lo que ven y sentirse inspiradas, e incluso motivadas, por la ostentación y el glamur, muchas acaban sintiendo que sus propias vidas no están a la altura.

En lugar de sentirnos desanimados o subestimados en nuestras propias vidas, necesitamos recordar que no todo es siempre lo que parece y que la gratitud puede darnos más poder que las fotos y los *hashtags*. Cuando buscamos la gratitud como parte de nuestra introspección diaria, adquirimos una sensación de control y reducimos al mínimo el espacio para el arrepentimiento. Canalizamos nuestra atención hacia todas las cosas positivas que tenemos en nuestra vida y, desde esa perspectiva, somos capaces de aprovechar el optimismo y la motivación que necesitamos cada día.

En realidad, la gratitud también es una necesidad universal. Cuando la gente nos pregunta por qué estamos agradecidos, parece que todos damos las respuestas obvias: nuestra salud, nuestra familia, un techo bajo el que cobijarnos. Sí, no hay duda de que son cosas maravillosas. Pero la gratitud también puede ser muy personal e individual cuando vamos un poco más allá y desenterramos algunas de nuestras mayores *pequeñas victorias*.

Oprah Winfrey dijo: «La gratitud es hija de la intención». En un artículo para *O Magazine*, la revista creada por la afamada presentadora, se pidió a los lectores que compartieran por qué estaban agradecidos en 2020. Respondieron compartiendo una variedad de cosas personales que abarcaban un amplio espectro: el amor incondicional de una mascota querida, la bomba de insulina y el milagro de la medicina moderna que mantuvo con vida a la hija pequeña de una mujer, la experiencia regeneradora de un paseo al aire libre. Sus respuestas fueron muy variadas; incluía una por «uno de los mayores inventos de ropa de todos los tiempos»: las fajas SPANX.

Realmente hay un sinfín de cosas en cada ciclo de 24 horas que nos dan alegría, tanto grandes como pequeñas. Puede que no nos paremos a reflexionar sobre ellas con suficiente frecuencia, pero nos daríamos cuenta si nos faltaran. Y probablemente también seríamos mucho más conscientes de las cosas que tenemos, y de lo que podríamos agradecer, si nos hubiera tocado vivir una vida aún más dura.

Hoy, en algún lugar, alguien está recibiendo, en su proceso de curación, su última sesión de quimioterapia. Otro paciente en lista de espera acaba de recibir luz verde para ese trasplante por el que tanto ha rezado. Una joven con alopecia se prueba por primera vez una preciosa peluca. En todo el mundo, todos los días, la gente se enfrenta a cosas que ni siquiera imaginamos. Me gusta pensar que, si algunas de estas personas consiguen mantener el ánimo incluso en las circunstancias más inimaginables, todos podemos encontrar algo de gratitud en nosotros mismos. Estoy segura. Sabéis que es verdad.

Por supuesto, no siempre es fácil encontrar ese espacio mental positivo, incluso si no nos enfrentamos a problemas graves de salud u otros que pongan en peligro nuestra vida. En los últimos años y después de atravesar tiempos sin precedentes, la mayoría de nosotros estaremos de acuerdo en que es mucho más difícil encontrar la gratitud. El mundo se ha convertido en un lugar muy inestable por la pandemia, las consecuencias económicas, las luchas en el tablero político e incluso la guerra. Sigue habiendo muchas dificultades, por lo que recuperarse de tantos disgustos e incertidumbres no es cosa de un día para otro.

Pero, y esto es importante, ¡todavía hay muchas cosas buenas en las que centrarse! Nacerán niños; la gente se casará; alguien dirá «Te quiero» por primera vez; alguien conseguirá ese préstamo para iniciar el proyecto de sus sueños. Y puede que el camarero de Starbucks acierte por fin al darte la taza con tu nombre. Sí, las pequeñas cosas cuentan, ¡y suman!

Aunque pueda parecer un poco raro celebrar nuestras propias victorias, grandes y pequeñas, cuando tanta gente se enfrenta a dificultades horribles, tenemos que hacerlo. El mundo en el que vivimos nunca será perfecto. Por desgracia, siempre habrá dolor y luchas.

Y, aunque nunca debemos ignorar el sufrimiento de los demás, tenemos que encontrar la forma de canalizarlo hacia formas productivas de apoyo que podamos prestar, en lugar de absorber todo ese dolor nosotros mismos y vivir en ese espacio. No debemos dejar de vivir ni podemos dejar de celebrar la vida. Porque mañana será otro día.

Un truco cuando te encuentres luchando por encontrar la gratitud es intentar salir de tus pensamientos y hacer algo en servicio de los demás. A veces, cuando nos implicamos con compasión en algún servicio, podemos comprender todo lo bueno que nos ocurre en la vida y que podríamos estar dando por sentado. Así que hazte voluntario en una asociación local o ayuda a recaudar fondos para una causa que te interese; cualquier cosa que puedas hacer en este sentido te ayudará a reconocer la suerte que tienes cada día.

La buena suerte, en cualquiera de sus facetas, es mucho más gratificante cuando se comparte. No es divertido disfrutar de las bendiciones de la vida sin compañía. Piensa en la última vez que recibiste a amigos o seres queridos. Cuando les abres la puerta a los demás, lo que estás haciendo en realidad es abrir tu corazón. Invitas a la gente a entrar para compartir lo que tienes que ofrecer y acabas recibiendo de alguna manera, ya sea a través de la comida que has cocinado o del tiempo y la energía que estás ofreciendo. En el fondo, expresas tu gratitud por todo lo que tienes y te ofreces a compartirlo con los demás. Es la gratitud en acción. Y, aunque es muy gratificante pasar tiempo con las personas más cercanas a nosotros y reconocer lo agradecidos que estamos ante ellas con gestos como estos, puede ser igualmente satisfactorio poner nuestra energía y gratitud en actos de bondad para aquellos que quizá no tengan a nadie más.

Ayudar a los necesitados siempre ha formado parte de mi esencia. Mi labor filantrópica no se ha traducido únicamente en la entrega de cheques; he dedicado gran parte de mi tiempo, mi energía y mi corazón a lograr formar parte de un cambio positivo y tener un impacto en mi comunidad.

Siempre he considerado que las mujeres y los niños son los más vulnerables de nuestra sociedad, así que gran parte de las acciones de filantropía que he impulsado se han orientado a apoyar a este sector necesitado. Durante varios años presidí la campaña de recaudación de una organización en particular, con la que logramos recaudar bastantes fondos y abrimos un refugio para apoyar la causa de las mujeres y los niños víctimas de la violencia machista.

Nunca olvidaré el día en que una mujer, una beneficiada de mis esfuerzos para ayudar a esta fundación, entró en mi edificio de oficinas. Aún puedo verla, de pie en la puerta de mi despacho, junto a su hijo pequeño. Entró y me dio las gracias, diciéndome, con lágrimas en los ojos (y en los míos también, en cuanto empezó a hablar), que yo había contribuido a cambiar su vida y la de su hijo. Me quedé sin palabras. Fueron tan solo unos segundos, pero tuvo un impacto eterno en mi vida. No hay palabras para expresar lo que sentí al ver a esta mujer y a su hijo, unos desconocidos para mí, y escuchar sus palabras de gratitud. Al final, lo que más gratitud me hizo sentir aquel día fue saber que había podido marcar la diferencia en la vida de esta familia. La sensación fue tan indescriptible entonces como lo es ahora, pero ese momento permanecerá conmigo para siempre.

La caridad es algo estupendo, pero devolver con gratitud no siempre consiste en donar tiempo o dinero a una causa. Puede ser tan sencillo como prestar tu oído a alguien que lo necesita. Los que tenemos la suerte de contar siempre con gente a nuestro alrededor a menudo damos por sentado lo que significa que alguien se interese por nosotros o se ofrezca a ayudarnos sin que tengamos que pedírselo: un amigo sabio que nos aconseje; un vecino manitas que se acerca y nos ayuda con esa gotera repentina; un padre que se preocupa por nosotros, aunque a veces nos resulte agobiante y nos saque de nuestras casillas. Lo hacen porque nos quieren, no porque deban hacerlo. Estos pilares están tan fijos en nuestra vida que nos olvidamos de pensar cómo sería despertarnos un día y no tenerlos allí.

Así que llama a alguien que sepas que está pasando por un mal momento. Envíale flores a tu madre sin necesidad de un motivo. Planea una comida con tu hermano. Págale el café a la persona que está detrás de ti en la cola, ayuda a ese vecino anciano a quitar la nieve de la entrada de su casa o dedícale una hora a algún trabajo voluntario el fin de semana. Incluso si te limitas a sonreír a alguien y preguntarle cómo le va, puedes mejorar su día y, de paso, despertar tu propia gratitud interior.

Empieza hoy, porque todo lo bueno que te ocurre en la vida no está garantizado y porque no siempre llegará de la manera que esperas. Hablo por experiencia propia: hasta ahora, mi vida ha sido una montaña rusa y ha habido días en los que, sinceramente, pensaba que lo había visto todo, desde la desesperación emocional hasta las dificultades económicas. Mucho de lo bueno que he tenido en la vida a menudo se ha camuflado en forma de retos y me ha costado detectarlo, pero ahora sé que, cuanto más practiques la gratitud, más capaz serás de reconocerlo, incluso si está oculto.

Especialmente los últimos años me han enseñado que la vida es realmente impredecible y me han proporcionado muchas historias que contar. Pero siempre me he acabado sintiendo agradecida por las lecciones aprendidas. En estos tiempos de incertidumbre, lo que me ha mantenido cuerda y con los pies en la tierra ha sido mantener el impulso de mi trabajo y de las cosas —y las personas— que me han dado fuerzas.

Pero así es la vida. Todo puede cambiar en un abrir y cerrar de ojos y, por eso, cada día y cada momento son importantes. Si aún no estás convencido de los beneficios de una actitud y un corazón agradecidos, piensa en lo siguiente.

Cuando tienes la gratitud en mente cada día y trabajas con optimismo y positividad, atraes a otras personas a ese nivel y estableces una especie de bucle de energía positiva entre tú y la gente que te rodea. El poder de la atracción es algo real y vivir una vida proclive a la gratitud hará que aún te pasen más cosas positivas. Como dijo Oprah Winfrey, «tienes que estar agradecido por lo que tienes [porque] acabarás teniendo más».

Recuerda: no es posible sentirse agradecido y miserable a la vez, ni reflexionar sobre lo bueno de tu vida mientras te sientes mal, así que centrarte en lo bueno evitará que te obsesiones con lo malo y te dejes hundir en un pozo sin fondo lleno de lamentaciones. Solo una de estas dinámicas de pensamiento funcionará a tu favor. Elige sabiamente.

Poner en acción la gratitud no consiste solo en dominarla como hábito diario. Se trata de ir un paso más allá y canalizarla en acciones a lo largo del día. Esto puede significar estar agradecido por tu familia y, con tal fin, estar presente con ellos y apreciar ese tiempo. O estar agradecido por la buena salud y canalizarlo tomando decisiones saludables sobre nutrición y forma física. O echando una mano a tu alrededor.

También puedes convertir la gratitud en un hábito diario incorporándola a tu tiempo de introspección. Termina tu repaso del día teniendo en cuenta las cosas por las que estás agradecido, grandes y pequeñas, y piensa en al menos una medida práctica que puedas tomar mañana para hacer que alguien se sienta apreciado o reconocido. Y no lo olvides: a menudo los gestos de gratitud más satisfactorios se reflejan en el tiempo y la energía que dedicamos a los demás. Así que, si puedes, ¿por qué no dedicas unos minutos a transmitir esos sentimientos de gratitud y a visitar a alguien que sabes que está pasando por un mal momento?

Con tantas cosas de las que quejarse en el mundo, es más importante que nunca elegir ver los pequeños milagros ocultos en tu vida cada día. Decide aquí y ahora que has dejado de obsesionarte con las cosas que no puedes controlar.

MEDIDA N.º 13: EMPIEZA A PRACTICAR TU GRATITUD DESDE HOY.

Identifica a las personas y las cosas que has estado dando por sentadas. Y nunca lo olvides: las cosas que ahora das por sentadas son las mismas que otra persona anhelaría tener.

Cuídate

«La relación más importante es la que tienes contigo mismo».

DIANE VON FURSTENBERG

¿ME CREERÍAS SI TE DIJERA que al menos una persona al día entra en mi despacho y empieza la conversación con un «Vivian, estoy estresado»?

Para serte sincera, lo único exagerado de lo que acabo de comentar sería decir que se trata de una única persona al día.

Lo entiendo. Los negocios pueden ser caóticos, los problemas personales no tienen un botón de pausa y la vida en general se nos viene encima rápidamente, día tras día. Pero también creo que nos hemos acostumbrado demasiado a utilizar la palabra *estrés* como sustituto de términos más productivos.

Por ejemplo, una noche nos la pasamos trabajando sin descanso, estamos al día siguiente a base de cafeína y con la energía bajo mínimos, luchando por mantenernos en pie, y asumimos que simplemente estamos estresados. Pero en este caso, si nos tomáramos un segundo para reevaluar las razones subyacentes por las que nos sentimos así —es decir, por falta de sueño— podríamos identificar el agotamiento como nuestro verdadero problema. Tendríamos una razón, entenderíamos por qué y seríamos capaces de corregirlo antes de que ese día se convierta en el siguiente.

Esto no quiere decir forzosamente que estés sintiendo estrés. Pero ¿y si es lo que sientes? ¿Ahora qué? ¿Estás dispuesto a aceptarlo como un elemento más de tu vida cotidiana? Vamos, ¡seguro que te mereces algo mejor!

La cuestión es la siguiente: si te sientes estresado con regularidad y esto se ha convertido en parte de tu vida cotidiana, está claro que algo tiene que cambiar.

Los resultados de una encuesta de 2019 realizada por el grupo Everyday Health mostraron que un tercio de los participantes que habían acudido recientemente al médico lo habían hecho por algo relacionado con el estrés y el 57 % de esas personas informaron que se sentían «paralizadas» por ello. Y, aunque el concepto de estrés es vasto y enormemente complejo, pues varía en intensidad y engloba un espectro enorme de manifestaciones asociadas, simplifiquémoslo aquí y hablemos del término como se ha venido haciendo, como el estrés habitual.

¿En qué medida influye el estrés en tu vida diaria?

Todos vivimos vidas diferentes, pero una cosa que la mayoría tenemos en común es que nos enfrentamos a algún tipo de estrés cada día. Y eso puede paralizarte. Convertir el estrés en algo productivo es más fácil de decir que de hacer. No voy a decirte que todo lo que te quita el sueño puede transformarse en algo productivo, porque eso no es necesariamente cierto. Pero lo que sí sé es que el estrés, incluido el causado por nuestras propias voces internas que intentan transmitirnos un mensaje, puede controlarse. La clave para una gestión eficaz del estrés, como todo lo que hemos hablado hasta ahora, es afrontarlo a diario. Y la mejor manera de hacerlo es cuidándonos a nosotros mismos, tanto física como mentalmente.

Suena bastante sencillo, ¿verdad?

Entonces, ¿por qué nos cuesta tanto incorporarlo a nuestra vida cotidiana? Todos los días hacemos mucho por los demás. Cuidamos de la familia; nos comprometemos a hacer favores a los amigos; ayudamos a los compañeros de trabajo... y, cuando todo está hecho, somos los últimos de la lista y no nos queda energía para ayudarnos a nosotros mismos. Esta no es una forma adecuada de vivir ni te haces ningún favor si sigues poniéndote en último lugar. No puedes servir agua de una jarra vacía.

Pero atender a nuestras propias necesidades no siempre es fácil. No hay nada más habitual que la sensación de estar demasiado ocupado como para sacar algo de tiempo y dedicárselo a uno mismo. Y, aunque algunas de las razones por las que ignoramos nuestras necesidades personales son comunes y cotidianas, la gente también se enfrenta a problemas mayores que implican cambios y trastornos importantes en la vida. Pensemos en la mujer que acaba de sufrir una pérdida o una separación y ahora se ve obligada a cuidar sola de sus hijos. Yo he pasado por eso, así que lo entiendo perfectamente. De repente, toda tu vida se ve sacudida y te enfrentas a un contexto totalmente nuevo. Sientes más presión que nunca para dar prioridad a tus hijos y el concepto de «tiempo para mí» se vuelve irrisorio. Los cambios importantes se presentan de muchas formas, ya sea en términos de situación familiar, problemas financieros o crisis emocionales: nadie es inmune a la lucha, ¿verdad? Aunque no creo que nadie tenga la intención de ponerse en último lugar, es la consecuencia lógica si ponemos a los demás primero.

Más allá de las muchas razones por las que puedes dejar de cuidarte, la mayoría de las cuales se reducen a la falta de tiempo y energía, puede que también te cueste considerarlo una necesidad. Es posible que pienses que dedicarte tiempo a ti mismo es más bien un capricho eventual, poco frecuente; también puede que te preguntes: «¿Quién tiene tiempo para hacerlo con regularidad?». Tú no, pues estás ocupado: tienes que ir a muchos sitios diferentes, atender a gente, hacer la colada... Siempre hay algo que se interpone en tu camino, ¿verdad? Un último asunto en la lista de tareas pendientes, un correo electrónico más que comprobar... y, cuando por fin das un paso atrás y reconoces que se te ha agotado la energía, la mejor opción para afrontarlo es dormir. Para tu información, dormir no es cuidarse; dormir es una necesidad básica, vital.

Todo el mundo lo sabe: uno no se siente bien cuando no se cuida. Se siente fatal. No hay más.

Todo resulta más duro y laborioso, y al final del día estamos agotados. Si no hacemos nada al respecto hoy, nos sentiremos peor mañana y al día siguiente, hasta que nos acostumbremos a funcionar escasos de energía, hasta el punto de que ni siquiera nos demos cuenta de que hemos agotado todos nuestros recursos internos.

Aunque se podría pensar que los ricos y famosos son inmunes a sentir los mismos achaques de estrés diario que sentimos las personas *normales*, no es cierto. Incluso los famosos de más éxito, a los que aparentemente les va mejor, han experimentado los peligros de no cuidarse.

Cuando la fundadora del Huffington Post, Arianna Huffington, sufrió un desmayo por agotamiento en 2007, se dio cuenta de que se debía a una rutina interminable de sometimiento constante al trabajo. Tras el incidente, se comprometió a hacer cambios positivos en su vida centrados en cuidarse a sí misma. Empezó a ponerlos en práctica y desde entonces ha animado a otros a hacer lo mismo, con pequeñas acciones a las que ella se refiere como «micropasos», como ejercicios de respiración, cargar el teléfono en una habitación diferente a aquella en la que se duerme, tomarse un momento para practicar la gratitud y trabajar para incluir hábitos diarios saludables al principio y al final de cada día. La cantante y actriz Queen Latifah es otra gran defensora del autocuidado. Ha contado que ha tenido que alejarse y apartarse de su entorno —literalmente— para recuperarse del agotamiento, que, según ella, no es solo una palabra. «Puedes estar físicamente agotada, incluso a nivel celular», afirma. Sus hábitos para no llegar a este extremo pasan por dedicarse tiempo a sí misma y prestar atención a las señales de alarma, así como contar con un sistema de apoyo de amigos, familiares e incluso recursos profesionales.

En 2019, la ex primera dama Michelle Obama habló sobre por qué nos cuesta tanto cuidarnos: «Estamos tan ocupados dando y haciendo por los demás que casi nos sentimos culpables de tomarnos ese tiempo para nosotros mismos». Incidió en la importancia de mantener conversaciones sobre el autocuidado, teniendo en cuenta que necesitamos tomar medidas ahora para asegurarnos de que las generaciones futuras fomenten este concepto y lo lleven a la práctica.

Nadie es inmune al agotamiento. No importa quién seas o a qué te dediques; todos nos enfrentamos a presiones diarias que pueden hacer mella en nuestra mente y nuestro cuerpo. No es ninguna vergüenza hablar abiertamente del estrés que sufrimos y no deberíamos sentirnos culpables por anteponernos a los demás, a ser posible antes de que aparezcan las señales de alarma y, por supuesto, mucho antes de darnos contra el muro. Tenemos que reconocer y poner límites al círculo vicioso de preocuparnos por todos menos por nosotros mismos. De lo contrario, seguiremos al límite en respuesta a demandas a corto plazo, agotando nuestra energía hasta el punto de que apenas funcionemos. Este no es un enfoque acorde con la vida sana y nos priva de las reservas que necesitamos para cosas más importantes a largo plazo.

Incluso si no sientes que estás al borde del agotamiento, cuidarte puede conllevar una mejora en tu bienestar general y un mayor conocimiento de ti mismo; todo ello se traduce en una mayor confianza personal y niveles más altos de productividad. Por eso, muchas empresas insisten cada vez más en tener en cuenta la necesidad de mejorar la salud física y mental de sus trabajadores. Pensemos, por ejemplo, en el gigante del café Starbucks. En 2020, en un esfuerzo por dar prioridad a la salud mental de sus empleados, Starbucks puso en marcha un programa anual que ofrecía veinte sesiones gratuitas con un psicoterapeuta para todos los trabajadores estadounidenses y los familiares que cumplieran una serie de requisitos.

¿Qué te impide cuidarte mejor? Solo hay un obstáculo: ¡tú!

No hay que avergonzarse por ello. Muchos hombres y mujeres creen que atender a sus propias necesidades y dar prioridad al cuidado personal puede reflejar algún tipo de vulnerabilidad. Pero déjame que te diga algo: si no te cuidas, no te quedará nada para cuidar a tus seres queridos. Así que toma las medidas necesarias para hacer este importante cambio, si no por ti, por las personas a las que quieres darles lo mejor de ti mismo.

Aunque las necesidades de cada persona son distintas y cada cual dispone de recursos diferentes, tanto económicos como de tiempo, lo bueno de cuidarse a uno mismo es que no tiene por qué llevar mucho tiempo ni ser costoso. Puede tomar formas muy diferentes. Y ¿sabes qué? Puedes ser creativo. Mi única recomendación, y muy importante, es que pongas en práctica este hábito cada día.

Se trata de tu tiempo, de nadie más. ¿Y qué si solo tienes cinco minutos para ti? Túmbate para hacer un estiramiento rápido y disfruta concentrándote en los movimientos. ¿Dispones de diez minutos? Ponte un pódcast sobre un tema que te interese para distraer la mente. ¿Veinte minutos? Prepárate una taza de té o café y busca un lugar en el que sentarte, tomar un sorbo, hacer una pausa y respirar. Cuando empieces a dedicarte tiempo a ti mismo, se te ocurrirán todo tipo de cosas. Haz lo que te parezca mejor en ese momento, siempre que te centres en ti.

Muchas personas han descubierto que, además de todas las rutinas típicas de autocuidado, como los masajes o la meditación, el mundo *online* tiene mucho que ofrecer. En 2011 apareció una curiosa página web, www.donothingfor2minutes.com («No hagas nada durante dos minutos», en inglés). Mostraba una pacífica puesta de sol sobre el mar con el sonido de las olas rompiendo suavemente de fondo. Nada más entrar en la página, la palabra *calma* aparecía de manera sutil en la esquina superior izquierda de la pantalla. En el centro de la imagen se iniciaba una pequeña cuenta atrás con la instrucción «No hagas nada durante dos minutos». En la parte inferior de la pantalla figuraba lo siguiente: «Relájate y escucha las olas. No toques el ratón ni el teclado».

Si tocabas el teclado o el ratón antes de que terminaran los dos minutos, el temporizador parpadeaba en rojo, se reiniciaba y volvía a empezar la cuenta atrás. La tarea parecía sencilla: no hacer nada durante dos minutos. Sin embargo, ¡lo que le costaba a la gente! Dos minutos es mucho tiempo cuando te piden que no toques el ratón ni el teclado.

A los que aguantaban los dos minutos se les pedía que registraran su correo electrónico para recibir más información.

A las dos semanas de su lanzamiento, más de cien mil personas ya se habían registrado sin saber a qué se habían apuntado. Unos meses después se presentó un nuevo sitio web: calm.com («calma», la misma palabra de la esquina superior de la página anterior).

Inicialmente, la nueva página se comercializó como una herramienta diseñada para ayudar a controlar el estrés que sentían los desarrolladores de Silicon Valley, pero no pasó mucho tiempo antes de que la web ampliara su público. En 2019 los ingresos de la compañía habían crecido hasta los ciento cincuenta millones de dólares. Sin duda, los cofundadores, Alex Tew y Michael Acton Smith, aprovecharon el nicho que había: la gente necesitaba más formas de liberar presión.

Luego, cuando la pandemia golpeó a principios de 2020, la necesidad de cuidarse a uno mismo se hizo más evidente que nunca, en parte porque todos sentimos una pérdida de control en nuestra rutina diaria. ¿Alguna vez pensaste que llegaría el día en que para conseguir comprar papel higiénico tuvieras que recorrer toda la ciudad? ¿Alguna vez imaginaste que te limitarían cuándo y dónde ir, o incluso el mero hecho de salir de casa?

A medida que avanzaba la pandemia, sentía cada vez más pánico, así como más miedo e incertidumbre por las personas a las que quería y por las que me preocupaba. También me di cuenta de que aferrarme a esa sensación de miedo no era la solución. Tenía que cuidar de mí misma. Como hemos comentado antes, podemos hacer todos los planes del mundo, pero a veces tenemos que cambiar de dirección. Y la pandemia me obligó a hacerlo en muchos de mis hábitos, incluido en el cuidado personal. En cierto modo, tuve que pensar con originalidad. Cuando lo hice, me di cuenta de que podía cuidarme eligiendo centrarme en las cosas que podía controlar, en concreto, en mis reacciones y mi bienestar psicológico.

Cuando la gente me preguntaba «¿Cómo lo estás llevando?, respondía «Sigo avanzando» con seguridad —teniendo en cuenta todas las precauciones necesarias, obviamente—, ¡pero siempre avanzando! Seguí adelante con mi vida, por mucho trastorno que causara el virus. Tenía que predicar con el ejemplo. Mi determinación para seguir adelante y encontrar nuevas formas de adaptarme hizo que los que me rodeaban se alimentaran de mi confianza y siguieran mi ejemplo.

Cuando me sentía abrumada por las circunstancias del día, reflexionaba sobre las historias que había oído a mis padres sobre el tiempo que estuvieron en Italia durante la Segunda Guerra Mundial. En 1944, sufrieron los horrores de la guerra en la ciudad de Cassino, donde ambos vivían: interminables sirenas y bombas que dejaban las calles destrozadas, sus casas destruidas, mi madre separada de sus hermanos, algunos de los cuales acabaron por reencontrarse y refugiarse durante algún tiempo en una cueva de una colina. Tras sufrir una herida en la espalda durante la huida, mi madre y su familia pasaron tres meses viviendo en aquella inhóspita cueva, buscando víveres para su improvisado hogar, aferrándose a la esperanza y a los demás. Pensé en mis padres y en mis parientes afectados por estas circunstancias tan extremas y encontré mucha fuerza en saber que todos procedemos de personas que han sobrevivido a algo y que nosotros también podemos sobrevivir.

Cuando les pregunté a mis padres cómo se sentían en esta nueva era de incertidumbre, con la pandemia causando tanto caos en el mundo, me dijeron que era otra guerra en la que había que sobrevivir, pero con la diferencia de un enemigo que no podías ver.

Su fortaleza y su capacidad de recuperación constante son una inspiración para mí y un recordatorio diario del poder de recurrir a la gratitud y la positividad a diario para encontrar ahí la fuerza.

He llegado a considerar mi actitud positiva como un hábito, un comportamiento más que adopto como herramienta y recurso constante que tengo a mi disposición. No siempre ha sido fácil, obviamente, pero lo he hecho —y lo sigo haciendo— por mí misma y por el bien de todos los que me rodean, decidida a no hundirme nunca bajo el peso de lo malo. Todos podemos tener momentos de capa caída, malos días, semanas difíciles... Así es la vida. Pero debemos asegurarnos de que esas malas rachas y esos sentimientos desagradables sean la excepción, no la regla. Los episodios de infelicidad son naturales, pero deberían ser solo un lugar que visitas, no el espacio mental en el que vives. Sentirse desgraciado puede convertirse en una actitud habitual, por lo que es fundamental que elijamos activamente ser positivos.

Mis hábitos diarios de autocuidado pasan por la productividad, la actividad física y darle la importancia justa a las cosas en la medida de lo posible. No podemos perder nunca la capacidad de reírnos de nosotros mismos; la vida puede ser dura, pero no debemos tomárnosla tan en serio todo el tiempo. Tenemos que encontrar el humor y permitirnos reírnos del estrés de vez en cuando.

Antes de la pandemia, cuidar de uno mismo se consideraba algo bueno; ahora es más necesario que nunca.

El autocuidado es una habilidad de supervivencia no negociable.

Al igual que dice el auxiliar de vuelo antes del despegue del avión: en caso de emergencia, ponte tu máscara de oxígeno antes de ayudar a la persona que tienes al lado. ¿Por qué? Porque, si la falta de oxígeno te deja inconsciente, no serás de utilidad ni para ti mismo ni para la persona sentada junto a ti. El autocuidado no es trivial ni egoísta; de hecho, puede ser la herramienta más importante que utilices para convertirte en la versión más sana y feliz de ti mismo.

MEDIDA N.º 14: IDENTIFICA ALGUNOS HÁBITOS DIARIOS DE AUTOCUIDADO QUE PUEDAS PONER EN PRÁCTICA FÁCILMENTE CUALQUIER DÍA.

Tómate un momento cada día y encuentra algo de tranquilidad en medio de todo el caos. Haz una pausa. Exhala. Créeme cuando te digo que es bastante fácil detectar a las personas que hacen de su bienestar físico, emocional y psicológico una prioridad y distinguirlas de las que simplemente están listas y dispuestas a subirse al tren de la desdicha.

HÁBITO 15

Duerme

«Descubre las grandes ideas que están en tu interior a través del poder del sueño».

ARIANNA HUFFINGTON

PONTE ALGO CÓMODO, MÉTETE ENTRE LAS SÁBANAS y adopta una posición confortable, porque es hora de que hablemos del sueño.

Hace tiempo, en los negocios y en la vida, la gente llevaba su agotamiento como algo de lo que enorgullecerse.

Por aquel entonces, no hace demasiado tiempo, era impensable dar prioridad al sueño porque te hacía parecer poco productivo, o incluso perezoso. ¿Quién tiene tiempo para dormir? El sueño, tal y como se veía entonces, era para los débiles. Era para la gente que carecía de empuje. ¿Ojeras? Eran la prueba de que se estaba haciendo cosas. Ser la persona de la oficina que menos dormía se consideraba casi un honor, porque implicaba que estabas ocupado y, por tanto, tenías éxito.

Afortunadamente, el discurso sobre la cultura del sueño ha cambiado mucho. Ahora el enfoque es el contrario: dormir es imprescindible. Y es un importante factor subyacente y relacionado con una vida de éxito. Piénsalo: si los días en los que conseguimos logros son un reflejo de nuestra salud física, emocional y mental, y todo esto se ve enormemente afectado por unos patrones de sueño saludables... Bueno, no es difícil ver el paralelismo. La relación entre el buen sueño y la productividad es innegable. Cuando le das prioridad, el sueño puede darte una ventaja para el día que tienes por delante; de hecho, puede cambiar las reglas del juego. Se trata de escuchar a tu cuerpo y darle lo que necesita.

Y escúchalo, ¡porque tu cuerpo te habla!

Cuando tienes hambre, sientes cómo te suena el estómago vacío. Cuando sufres ansiedad, sientes esas mariposas agitando las alas en la boca del estómago. Y, cuando estás cansado, los párpados pesados y los bostezos interminables son solo otras vías de comunicación que tu cuerpo utiliza para enviarte un mensaje. Cuando estés tan cansado que te quedes sin energía, tu cuerpo te lo hará saber, a veces enviándote mensajes que no te gustarán y que no puedes pasar por alto.

La falta de sueño es, ante todo, perjudicial para el cerebro. Si la sufres, tienes menos capacidad para concentrarte, resolver problemas o razonar, y acabas siendo mucho menos productivo al tender a los descuidos y olvidos. El estado de ánimo y los niveles de energía también se ven afectados. La irritabilidad es otra consecuencia habitual de la falta de sueño. Además, la capacidad cognitiva se verá mermada, lo que repercutirá en las habilidades motoras, reduciendo los reflejos y tiempos de reacción y haciendo a quien la padece más vulnerable a accidentes y lesiones.

Siempre detecto a quien no duerme lo suficiente. Lo noto en sus ojos vidriosos, en su lentitud de reacción e incluso en su forma de comportarse. No se puede ocultar.

La falta de sueño también provoca todo tipo de problemas de salud graves a corto y largo plazo:

- ☾ Envejecimiento prematuro
- ☾ Problemas cardiacos
- ☾ Hipertensión arterial
- ☾ Ictus
- ☾ Diabetes

☾ Depresión

☾ Sistema inmunitario debilitado

Y, aunque puede que no sea tan grave como algunos de los problemas mencionados, ¡la falta de sueño también reduce el apetito sexual! En pocas palabras, no conlleva nada bueno. Los malos hábitos de sueño no aportan, literalmente, ningún beneficio. Ninguno.

Volvamos a lo de despertarnos más temprano. Es más fácil decirlo que hacerlo, ¿verdad? La mayoría de nosotros, si nos preguntan, diremos que nos cuesta levantarnos porque nos acostamos tarde o dormimos mal. Esto significa que hemos permitido que nuestras noches dicten nuestras mañanas y, por lo tanto, determinen el nivel de energía para el día que afrontamos. Desgraciadamente, esto conduce a un ciclo poco saludable y, en última instancia, acabamos sin energía, con las pilas agotadas.

La National Sleep Foundation (NSF), organización estadounidense centrada en estudiar los patrones del sueño, recomienda que las personas de entre veintiséis y sesenta y cuatro años duerman entre siete y nueve horas por noche.

Piénsalo. De siete a nueve horas. Por noche. Cada día.

Tienes 24 horas al día y deberías pasar aproximadamente un tercio de ellas durmiendo. La mayoría de nosotros no podemos cumplirlo, en parte porque nos resulta especialmente difícil relajarnos y conciliar el sueño, ya que los asuntos familiares, las presiones del trabajo y todos los demás pensamientos que surgen en nuestra mente se interponen en nuestro camino.

Pero ¿tanto importa la cantidad? ¿No tiene más sentido basar el ciclo de sueño en cómo te sientes durante el día? Si duermes seis horas seguidas y te levantas descansado y con energía, ¿sigue siendo fundamental que no hayas llegado a la cantidad sugerida por la NSF?

Yendo un paso más allá, ¿hasta qué punto para dormir mejor hay que dormir más? Es decir, si duermes lo suficiente, pero te despiertas como si te hubiera atropellado un autobús y te mueves solo para darle al botón de repetición de la alarma, ¿es realmente la cantidad de sueño el problema? ¿O es la calidad?

En mi experiencia, la calidad es la clave. Tanto si solo duermes por la noche como si combinas el sueño nocturno con momentos de descanso a lo largo del día (yo no duermo la siesta, aunque sé que hay gente que lo hace), lo importante es que tu cuerpo y tu mente respondan positivamente y te *digan* que lo estás haciendo bien. Tú eres el único responsable de cómo empleas el tiempo, incluso, y especialmente, el que pasas durmiendo.

Así que no te preocupes demasiado por las estadísticas y las recomendaciones de los expertos, y no seas demasiado duro contigo mismo. Lo estás haciendo lo mejor que puedes y el hecho de que tengas este libro es una prueba positiva de que estás siendo proactivo e intentando mejorar. Lo mejor que puedes hacer ahora mismo es ser consciente de tus patrones de sueño para poder cambiarlos a mejor si es necesario y luego encontrar lo que te funciona. Cuando cambies de perspectiva, dejarás de centrarte en dormir más y en su lugar tratarás de aprovechar los beneficios de tener más tiempo por las mañanas. Es un bucle de beneficios al que te vas a enganchar. Esta nueva mentalidad, una que da el mayor valor al tiempo añadido, es la que te va a poner en el camino de dominar no solo tu sueño y tus mañanas, sino todo tu día.

Y, para ello, necesitas dormir lo suficiente para que tu cerebro pueda descansar y recargarse. Sin este tiempo de inactividad, básicamente le estás negando a tu cerebro lo que necesita. Cuando te niegas a ti mismo esta necesidad humana básica durante solo 24 horas, tu capacidad para funcionar es igual a la que tendrías si tuvieras un nivel de alcohol en sangre que no te permitiría ponerte al volante. Si no duermes en cuarenta y ocho horas, entras en un estado de privación extrema del sueño. En este punto, el estrés y la fatiga aumenta, pero también es posible tener alucinaciones. Obviamente, tus tiempos de respuesta y tus reflejos se verán muy afectados a medida que tu cuerpo y tu mente luchen por seguir adelante y, más allá de este punto, debes saber que tus síntomas de privación de sueño empeorarán significativamente, por no decir que podrían ser peligrosos.

A corto plazo, la falta de sueño te hace más lento mental y físicamente, olvidadizo, irritable y mucho menos productivo. A largo plazo, te puede hacer enfermar de varias maneras. Esto es un hecho. Así que, ahora que ya lo sabes, te propongo hacerlo mejor y adelantarte a todo esto.

En su *bestseller La revolución del sueño*, Arianna Huffington habla de su desmayo por agotamiento y señala que ir de un lado a otro sin energía alguna la llevó a ser «la peor versión» de sí misma. Insiste en que «dormir puede cambiar la vida» y lo considera una «herramienta para mejorar el rendimiento». De hecho, Huffington, empresaria y madre de dos hijos, está convencida de que su mayor éxito profesional lo consiguió cuando empezó a cuidarse. Fue empezar a cuidarse lo que desencadenó la versión más creativa, productiva y feliz de sí misma.

Como parte de su práctica diaria de autocuidado, Huffington evita el uso de dispositivos electrónicos treinta minutos antes de acostarse, se pone un pijama para dormir y crea un espacio propicio para el mejor sueño posible, cada noche.

Vale, ya te veo zarandeando la cabeza. ¿Nada de dispositivos antes de dormir? ¿Un espacio lo más *zen* posible solo para dormir? Sé que eso no está al alcance de todos nosotros y que, para muchos, su «espacio para dormir» es en realidad un dormitorio en el que no paran de entrar y salir sus hijos. Estoy segura de que, para el resto de las estrategias de sueño de Huffington, habrá alguien por ahí con una razón (legítima) por la que eso simplemente no le funcionará. Pero esa no es la cuestión.

La clave es recordar que el sueño, al igual que el cuidado personal, no es negociable. Es necesario. No puedes funcionar sin él. Así que hazlo lo mejor que puedas. Lo importante es ir progresando.

Permíteme añadir mi granito de arena: sugiero que te saltes esa copa de vino (o de lo que sea) antes de acostarte. Los estudios han demostrado que ingerir alcohol antes de irse a la cama puede interrumpir el sueño, provocar insomnio y aumentar la sensación de cansancio al día siguiente. De hecho, esa sensación de cansancio alcanza su punto máximo cada día a las dos de la madrugada y a las dos de la tarde, incluso para quienes no beben antes de acostarse, pero puede verse intensificada por el alcohol. Esta es la razón por la que la gente se siente con menos energía o al límite de sus fuerzas a mitad del día, como también la razón por la que es tan importante alimentar el cuerpo con comida saludable, para aumentar la energía y mantenerte en el buen camino.

**Recuerda: tus horas de sueño y de vigilia
están interconectadas, por lo que hacer del sueño
de calidad una prioridad diaria influirá enormemente
en el tipo de días que tendrás.**

MEDIDA N.º 15: PRUEBA DISTINTOS MÉTODOS PARA MEJORAR EL SUEÑO.

A lo mejor puedes intentar acostarte quince minutos antes. Tal vez te vaya bien tomarte un vaso de leche caliente o una taza de manzanilla antes de irte a dormir. O quizá lo ideal en tu caso sea usar unos auriculares con supresión de ruido y escuchar sonidos relajantes para dormir a través de una aplicación como Calm. Empieza con lo que puedas y sigue a partir de ahí.

Una reflexión para terminar

«Tenemos dos vidas y la segunda empieza cuando nos damos cuenta de que solo tenemos una».

CONFUCIO

EN 2019 ME INVITARON A PARTICIPAR EN UNA CHARLA, en un grupo de colaboradores para Power of Success —una serie de eventos de Tony Robbins—, que se celebró en Toronto. Además de mi intervención en el escenario, durante parte del evento estuve sentada en una mesa redonda con mujeres poderosas: autoras de *bestsellers* y empresarias como Rachel Hollis y Molly Bloom.

Ese día aprendí una verdadera lección sobre cómo adaptarme al momento. Y la lección empezó incluso antes de que subiera al escenario.

Desde el principio, todo fue un poco caótico. El conductor que nos debía llevar al lugar se retrasó. Como no podíamos esperar ni llamar a otro taxi, yo y algunos miembros de mi equipo que me iban a acompañar nos metimos en mi coche y yo misma conduje hasta el lugar de la reunión.

El acto debía empezar a las 8.30 y yo tenía previsto hablar más tarde, a las 11.00. Incluso conduciendo lento en medio de un tráfico denso, pensaba que no tendríamos problema alguno de tiempo.

Mirar el reloj mientras uno está en medio de un atasco no tiene sentido: no se puede hacer nada contra los atascos. Así que decidí aprovechar el tiempo. Me tranquilicé y visualicé cómo saldría al escenario. Pensé en lo que diría y reflexioné sobre mi mensaje.

Sentía cada vez más ganas. Estaba preparada y, como siempre, deseando sumergirme en un espacio que sabía que rebosaría energía positiva.

Cuando por fin llegamos a nuestro destino y entramos en el aparcamiento, me di cuenta de que había una cantidad ingente de asistentes. Lo que debería haber sido un trayecto de unos minutos al volante, desde la entrada del aparcamiento hasta donde íbamos a dejar el automóvil, ¡nos llevó cuarenta y cinco minutos!

Casi de inmediato, fue como si alguien le hubiera dado al botón de reproducir a mayor velocidad. Un organizador del evento se acercó corriendo al coche, antes de que pudiésemos siquiera aparcarlo, y me dijo: «¡Vivian, ha habido un cambio de última hora! Tú eres la primera. Tenemos que ponerte el micro».

¡Primera! ¿Ahora?

Vale, ya sé que he dicho que me sentía preparada, pero ni siquiera tuve tiempo de mirarme en el retrovisor.

No tenía sentido cuestionar el cambio. No había tiempo para pensar, ¡punto! Así es el mundo del espectáculo, *show must go on!*

Íbamos a toda prisa, de la entrada al interior del recinto, a los bastidores y, finalmente, al escenario. Luces brillantes y una sala abarrotada: ¡había llegado el momento! Fue como si del coche al escenario me hubieran transportado a la velocidad de la luz.

Salí al escenario y abrí los brazos de par en par: «¡Buenos días, Toronto!».

El acto fue un éxito. Me encantó ese momento en el escenario y me sentí fortalecida no solo por las historias y mensajes que compartieron los demás participantes, sino también la gente del público. Su entusiasmo e interés real fueron inspiradores. Esa curiosidad y ese intenso deseo de crecimiento y cambio positivo. «De eso se trata», pensé. Así es como nos impulsamos. ¡Así es como se hace!

Así que el día había empezado siendo un poco caótico. Vaya reto. Estaba preparada y aun así tuve que improvisar. Así es la vida. Y resultó ser justo la patada en el trasero que necesitaba esa mañana para llevar mi energía al máximo. Ser la primera en el escenario no formaba parte de mi plan original, pero resultó ser al fin y al cabo una gran suerte. Al salir corriendo al escenario, no había tenido tiempo de ponerme cómoda y adaptarme al entorno. Era mi verdadero y auténtico yo el que estaba frente al público, tal como me confesaron muchos de los miembros del público más tarde.

Y añadiré algo más. Escuchando a estas otras personas hablar y contar sus historias, realmente llegas a darte cuenta de que todos compartimos un denominador común. No me refiero solo a mis colegas, los ponentes invitados. Los asentimientos del público, la sonrisa genuina de reconocimiento en su rostro; ellos también lo sentían. Porque la verdad es que nadie asciende en vertical desde donde empieza hasta donde aspira a estar.

Nunca se llega directamente a la meta. Puede que hayamos empezado desde puntos diferentes y en circunstancias únicas, pero todos compartimos la experiencia de desviarnos del camino, de encontrarnos con bloqueos y bifurcaciones inesperadas.

El viaje de la vida está lleno de giros, pasos atrás e inicios en vano. *C'est la vie*. Si no fuera así, no tendríamos mucho de que hablar, ¿verdad? Porque la verdadera aventura se encuentra a lo largo del viaje, no en el destino. En el viaje es donde están las lecciones. Es donde descubres de qué estás hecho y decides quién quieres ser.

Hay un camino por delante, largo o corto, ¿quién lo sabe? Pero hay un camino que merece la pena trazar y un viaje que te espera.

La vida está sucediendo ahora mismo, así que deja atrás tu zona de confort y sumérgete en ella.

Lo que hagas hoy importa. Lo que hagas mañana importa. Cada día de tu vida es un regalo, no está garantizado, y debes tratarlo con mimo. Puedes fijarte objetivos a largo plazo y apuntar a la luna, pero necesitas hábitos diarios claros y eficaces para alcanzarlos. Visto de otro modo, lo que hagas (o dejes de hacer) hoy impulsará o lastrará tu mañana.

Repasemos ahora algunos de los conceptos clave que hemos tratado sobre cómo ahorrar (o ganar) tiempo, generar o renovar energía y vivir de acuerdo con nuestras verdaderas intenciones.

Hábito 1. Despiértate con los pájaros para poder disfrutar de una relación de tú a tú con el mundo y marcar realmente el ritmo del resto del día. Recuerda: ¡sé dueño de tus mañanas y serás dueño del día!

Hábito 2. Traza tu ruta para procurar no salirte del camino, pero estate preparado para posibles desvíos.

Hábito 3. Adopta tus rituales diarios, incluidos los pequeños detalles, para que tu día vaya mejor.

Hábito 4. Logra el cambio eliminando viejas rutinas e implantando otras nuevas cada día.

Hábito 5. Descubre los beneficios de ser fiel a ti mismo; te cambiará la vida.

Hábito 6. Divide tus proyectos en pasos más pequeños para crear un camino claro y factible que sea satisfactorio y motivador.

Hábito 7. Reconoce que decir «no» puede ser tu superpoder.

Hábito 8. Practica el arte de estar presente para poder sacar más provecho de las experiencias vitales y contribuir más al mundo.

Hábito 9. Adopta estrategias de comunicación eficaces utilizando un lenguaje no verbal adecuado, procurando usar el ritmo correcto y escuchando atentamente, eligiendo cuidadosamente las palabras e interpretando a tus interlocutores.

Hábito 10. Aprovecha tu mayor fuente de energía: está dentro de ti.

Hábito 11. Invierte una cantidad de tiempo adecuada a la gestión de tus redes sociales, en función de lo que quieras obtener de ellas.

Hábito 12. Haz balance de tu día; nunca sabes qué lección oculta puedes aprender y que te ayude a impulsar tu vida.

Hábito 13. Elige la gratitud como una actitud que puedes adoptar y hacer crecer.

Hábito 14. Recuerda que cuidar de ti mismo no es negociable.

Hábito 15. Haz del sueño de calidad una prioridad, lo que influirá enormemente en el tipo de día que tendrás.

Estos quince hábitos esenciales para el día a día han marcado la diferencia en mi vida y sé que también han tenido un gran impacto en la vida de otras personas. Ahora te toca a ti. Te espera una vida plena. Solo tienes que ponerte manos a la obra y solo tú, y nadie más que tú, puedes hacerlo. Recuerda: no tienes más que esta vida. Y solo este momento, ahora mismo, está garantizado. ¿Cómo vas a hacer que valga la pena?

Hemos tratado muchos aspectos a lo largo de este libro. Hemos hablado de hábitos, comportamientos, el poder del tiempo y, por el camino, de otras muchas cosas, ¿verdad? Como dije al principio, ya tienes todo lo que necesitas dentro de ti, pero espero que este libro te haya dado acceso a ideas, estrategias y herramientas que te ayudarán a dar los siguientes pasos para vivir tu mejor vida, cada día.

Quiero agradecerte que hayas hecho este viaje conmigo, de principio a fin. Espero que te sientas inspirado para seguir adelante y afrontar tus próximos ciclos de 24 horas con positividad y determinación. Este momento, ahora mismo, es una oportunidad para el cambio. Como se suele decir, si estabas buscando una señal, ¡es esta!

Ahora es el momento de empezar a vivir tu mejor vida.

El escenario está a punto, ¡comienza el espectáculo!

¡Vívelo y disfrútalo! ;-)

Nota de la autora

PARA ESTE LIBRO ME HE INSPIRADO en los conocimientos, estudios, teorías e ideas de muchas personas de distintos ámbitos. En todos los casos, he hecho todo lo posible por citar la fuente original. En el caso de las citas, comprendo la frecuencia con que se malinterpretan, alteran y mencionan erróneamente, así que he hecho todo lo posible por garantizar la exactitud tanto de las citas utilizadas como de las fuentes aludidas.

Todos somos una suma de nuestras experiencias y el resultado de aquello a lo que nos exponemos, por lo que espero que mi propia visión, así como la visión y los trabajos de otros que he decidido incluir en este texto, te resulten tan útiles como lo han sido en mi propia vida.

Referencias

HÁBITO 1:

Miah, R. (s. f.) «66 Good Morning Quotes by Famous People». *The Rich Gets Richer.* Obtenido el 28 de agosto de 2022 del sitio web https://www.therichgetsricher.com/66-good-mor ning-quotes-by-famous-people/.

Sharma, Robin (s. f.) *The 5am Club.* Obtenido el 20 de septiembre de 2022 del sitio web https://www.robinsharma.com/book/the-5am-club.

HÁBITO 2:

Rohn, John. Obtenido de https://www.facebook.com/Official JimRohn/posts/never-begin-the-day-until-it-is-finished-on-paper-jim-rohn/10153028657235635/.

HÁBITO 3:

McRaven, William H. (almirante de la Armada). Obtenido de https:// news.utexas.edu/2014/05/16/mcraven-urges-graduates-to-find-courage-to-change-the-world/.

McRaven, William H. (almirante de la Armada). (2017) «Make Your Bed», YouTube, https://www.youtube.com/watch?v=G-mFwRkl-TTc Duhigg, Charles. (2014) *The Power of Habit*, https://charlesduhigg.com/the-power-of-habit/.

Benna, Steven. «This one-minute morning routine can improve your productivity all day long». *Insider*. Obtenido de https://www.businessinsider.com/morning-routine-to-improve-productivity-2015-7.

Jobs, Steve. (6 de enero de 2014) YouTube. YouTube. Recuperado el 28 de agosto de 2022 de https://www.youtube.com/watch?v=C-kBkuaOYO4.

Hábito 5:

Dyer, Wayne W. (s. f.) Goodreads. Obtenido el 25 de marzo de 2022 del sitio web https://www.goodreads.com/quotes/7141914-you-create-your-thoughts-your-thoughts-create-your-intentions-and.

Hai, Roxanne. (15 de mayo de 2015) «Being vulnerable about vulnerability: Q&A with Brené Brown». Recuperado el 28 de septiembre de 2020 de https://blog.ted.com/being-vulnerable-about-vulnerability-qa-with-brene-brown/.

Thanh_min. (1 de julio de 2021) «The Elephant Rope». *Medium*. Extraído el 30 de abril de 2022 de https://medium.com/motivationapp/the-elephant-rope-c22ee790a226 #:~:text=As%20a%20man%20was%20passing%20the%20elephants%2C%20he%20suddenly%20stopped,some%20 reason%2C%20they%20did%20not.

Eurich, T. (s. f.) «Increase Your Self-Awareness with One Simple Fix». Obtenido el 28 de septiembre de 2020 del sitio web https://www.ted.com/talks/tasha_eurich_increase_your_self_awareness_with_one_simple_fix?language=en.

Edelman. (s. f.) «2013 Edelman Trust Barometer Finds a Crisis in Leadership». Consultado el 7 de noviembre de 2022 en https://www.edelman.com/news-awards/2013-edelman-trust-barometer-finds-crisis-leadership.

HÁBITO 6:

Frederick, Ben. (19 de febrero de 2013) «Michael Jordan: 10 Quotes on His Birthday». *The Christian Science Monitor*. Obtenido el 28 de agosto de 2022 del sitio web https://www.csmonitor.com/USA/Sports/2013/0219/Michael-Jordan-10-quotes-from-His-Airness-the-King/On-obstacles#:~:text=On%20obstacles,-Peter%20Jones%2F%20Reuters&text=But%20obstacles%20don%20have,2%20of%2010.

Boogard, Kat. (2019) «What's Microproductivity? The Small Habit That Will Lead You to Big Wins». *Trello*. https://blog.trello.com/microproductivity-break-tasks-into-smaller-steps.

Cowan, N. (2010) «The Magical Mystery Four: How Is Working Memory Capacity Limited, and Why?». *Current Directions in Psychological Science*, 19(1), 51-57. https:// doi.org/10.1177/0963721409359277.

HÁBITO 7:

Clay, Rebecca A. (2013) «Just Say No». American Psychological Association. https://www.apa.org/gradpsych/2013/11/say-no.

HÁBITO 8:

Tolle, E. (2004) *The Power of Now: A Guide to Spiritual Enlightenment.* Namaste Publishing.

Wikipedia. (5 de febrero de 2019) «Attention span». Wikipedia; Fundación Wikimedia. https://en.wikipedia.org/wiki/Attention_span.

HÁBITO 9:

Epicteto. Obtenido el 7 de noviembre de 2022 de https://www.brainyquote.com/quotes/epictetus_106298.

HÁBITO 11:

Departamento de Investigación de Statista. (10 de septiembre de 2021) «Number of Social Media Users Worldwide». Statista. https://www.statista.com/statistics/278414/number-of-worldwide-social-network-users/#:~:text=How%20 many%20people%20use%20social.

(s. f.) «70+ Social Media Statistics you need to know in 2021 [actualizado]». https://www.omnicoreagency.com/instagram-statistics/.

Atad, C. (6 de octubre de 2021) «Anderson Cooper says Instagram 'depresses me:' 'I leave feeling worse than when I got on.'». ET Canada. Obtenido el 20 de septiembre de 2022 del sitio web https://etcanada.com/news/825546/anderson-cooper-says-instagram-depresses-me-i-leave-feeling-worse-than-when-i-got-on/.

Smith, K. (30 de diciembre de 2019) «122 Amazing Social Media Statistics and Facts». Brandwatch. https://www.brandwatch.com/blog/amazing-social-media-statistics-and-facts/.

HÁBITO 12:

Cambridge English Dictionary. (s. f.) Obtenido el 16 de septiembre de 2020 del sitio web https://dictionary.cambridge.org/us/dictionary/english/self-reflection.

Browning, G. (24 de noviembre de 2014) «Take a Look Back at Your 2014 Year with These 5 Questions». Recuperado el 17 de septiembre de 2020 de https://www.inc.com/geil-browning/personal-reflection-get-started-with-these-5-questions.html.

Shrestha, Praveen. (17 de noviembre de 2017) «Ebbinghaus Forgetting Curve». *Psychestudy.* https://www.psychestudy.com/cognitive/memory/ebbinghaus-forgetting-curve.

HÁBITO 13:

Beattie, Melody. (18 de noviembre de 2021) «Gratitude». Melody Beattie. Obtenido el 28 de agosto de 2022 del sitio web https://melody beattie.com/gratitude-2/.

Bowler, Kate. (14 de octubre de 2020) «Here's What O Readers Are Most Thankful for This Year». *Oprah Daily.* https://www.oprahmag.com/life/a34330280/o-readers-thankful/.

Connolly, M., Slade, M. y Allison Young, M. (2020) «United States of Stress 2019». *Everyday Health*. Recuperado el 10 de noviembre de 2020 de https://www.everydayhealth.com/wellness/united-states-of-stress.

HÁBITO 14:

Morse, B. (22 de junio de 2021) «Arianna Huffington: What You Need to Know to Prevent Burnout». *Inc.com*. Recuperado el

28 de agosto de 2022 de https://www.inc.com/brit-morse/arianna-huffington-wellbeing-stress-burnout.html.

Copelan, C. (4 de abril de 2019) «Queen Latifah Says 'Burnout Is Not Just a Word, It Is Something Physical». *Parade*. https://parade.com/865836/ccopelan/queen-latifah-says-burnout-is-not-just-a-word-it-is-something-physical/.

Good Morning America. (s. f.) «Listen to Michelle Obama's Self-Care Message: Why Women Need to Put Themselves First». Obtenido el 1 de mayo de 2022 del sitio web https://www.good morningamerica.com/wellness/story/listen-michelle-obamas-care-message-women-put-64189509.

Starbucks Stories. (s. f.) Stories.starbucks.com. Obtenido el 25 de marzo de 2022 del sitio web https://stories.starbucks.com/press/2020/starbucks-transforms-mental-health-benefit-for-us-employees/.

Curry, David. (30 de octubre de 2020) «Calm Revenue and Usage Statistics (2020)». Recuperado el 24 de noviembre de 2020 de http://www.businessofapps.com/data/calm-statistics/.

Hábito 15:

«National Sleep Foundation Recommends New Sleep Times». (s. f.) Obtenido el 25 de marzo de 2022 del sitio web https://els-jbs-prod-cdn.jbs.elsevierhealth.com/pb/assets/raw/Health%20 Advance/journals/sleh/NSF_press_release_on_new_sleep_durations_2-2-15.pdf.

CDC. (21 de marzo de 2017) «Drowsy Driving: Sleep and Sleep Disorders». Recuperado el 17 de diciembre de 2020 de https://www.cdc.gov/sleep/features/drowsy-driving.html.

Umoh, Ruth. (12 de marzo de 2018) «Arianna Huffington Says She Became Successful After She Quit One Common Bad Habit». Recuperado el 22 de diciembre de 2020 de https:// www.

cnbc.com/2018/03/11/arianna-huffington-became-success
ful-after-she-started-sleeping-well.html.

Pacheco, Danielle. (11 de marzo de 2022) «Alcohol and Sleep».
Sleep Foundation. Obtenido el 1 de mayo de 2022 del sitio web
https:// www.sleepfoundation.org/nutrition/alcohol-and-sleep.

OTROS LIBROS DE INTERÉS

Árboles que curan el cuerpo, el corazón y el espíritu

Florence Laporte

ISBN: **9788419341211**
Págs: **136**

Árboles que curan el cuerpo, el corazón y el espíritu es un maravilloso recurso para nutrir la mente y cuidar el cuerpo y el corazón. Gracias a su energía y a sus múltiples propiedades, podrás hallar la armonía interior y también la sanación para algunas dolencias.

Claves para conocerte a fondo

Raúl Castellano García

ISBN: **9788419341709**
Págs: **224**

Un libro para mejorar y potenciar la salud global para que las personas puedan disfrutar de una vida en armonía y equilibrio. Mejorar el autoconocimiento personal facilita utilizar todo el potencial del cuerpo y desarrollar el crecimiento personal y espiritual.

www.amateditorial.com